무엇이든 쉽지 않지만,
무엇보다 잘 지내자는 말을 건넵니다.

2022, 봄
진심

개인정보 보호를 위해 등장하는 인물은 신분이 드러나지 않도록 하였으며,
더 큰 공감을 끌어내기 위해 화자와 사연을 각색하였습니다.

저자 고유의 글맛을 살리기 위해 표기와 어법은 저자의 방식을 따랐습니다.

어쩌면 괜찮은 사람

김 혜 진 에 세 이

작가의 말

어둠 속에서 더 나은 빛을 찾으려 더듬거리던 시간이 있었습니다. 짧지만 열렬히 사랑했던 존재가 떠나갈 때도 그랬고, 작은 조명에 의지해 지새우던 수많은 밤들도, 얄팍한 유리장 같은 마음으로 아무렇지 않은 척 웃기도 했습니다. 더 나은 내일을 살기 위해서 나를 위로해야만 살아갈 수 있는 시간들. 그렇기에 다독이고, 또 다독이느라 마음에 잔뜩 힘을 주던 나날들이 난무했습니다.

이 책에는 잔뜩 웅크린 어깨를 펴고 마음 편히 걷기 위해서 그간 마주하기 두려웠던 나를 직면하며 스스로를 알아가는 시간이 담겼습니다. 그리고 책을 채우면서 문득 잘 살아보고 싶다는 생각을 했습니다. 오늘의 마음이 내일 잠드는 내게 걱정 없이 잘 자라며 포근히 이불을 덮어줄 수 있기를요. 새까만 걱정으로 뒤덮인 수많은 밤도 결국은 어디로든 흘러가고 있습니다. 흔적을 흘려둔 밤이 글이 되고 결국은 책 한 권이 되어줍니다. 이 글을 읽어주는 누군가에게 삶은 쉽지 않지만, 무엇보다 잘 지내보자는 말을 건네고 싶습니다.

김혜진 올림

차 례

작가의 말 | 4

chapter 1
'응원'과 '위로'에 관하여

"마음만큼만 용기 내자"
삶이 너에게 다정할 수 있게

안식처 013 | 귀한 사람 014 | 내일 016 | 좋은 하루 보내세요 017 | 사랑을 사랑답게 019 | 내가 정답인 것처럼 020 | 모든 것을 잃은 것 같았던 날에도 나는 살아졌다. 022 | 우울 금지 024 | 잠실철교 025 | 이쯤이면 충분했다 028 | 굳은 상처 030 | 안부 031 | 각색 032 | 마음만큼만 용기 내자 033 | 비어있는 곳을 채우는 풍경 035 | 위로를 건넬 용기 036 | 사랑하는 이에게 038 | 슬픔은 살이 찐다 039 | 스스로 반짝였다는 것을 042 | 소소한 행복 043 | 흔적 045 | 언덕 046

chapter 2

'사랑'과 '이별'에 관하여

추억이 피고 진,
그렇고 그런 사랑이라도.

마음의 시작 051 | 그런 사랑 052 | 꽃다발 053 | 너의 불안까지 사랑할게 054 | 마침표 056 | 재생목록 057 | 여진 059 | 서서히 060 | 불운 061 | 이별과 이별하는 일 062 | 빈집 065 | 사유 066 | 구겨진 낱말 067 | 보고 싶었어 068 | 이별 재회 069 | 용량 072 | 밤의 음영 074 | 다 이별하지도 못한 채 075 | 여운 076 | 여름밤 077 | 부를 수 없는 이름에게 079 | 공중분해 081 | 미안한 존재 082 | 이별이 우리를 성숙하게 만들었다 083 | 초록빛 여름 084 | 사랑한다는 말에 답이 돌아오지 않던 밤이었다. 086 | 한 줌 087 | 너의 불행 088 | 다시 사랑할 수 있을까 089 | 당신의 바깥 091 | 주어 잃은 고백 093 | 서정시 094 | 어렵게 꺼낸 문장 096 | 이따금 꺼내 보는 위로 098 | 깊은 바다 100

chapter 3

'자존감'과 '나'에 관하여

끝내 잎을 틔우고,
나의 계절이 오면.

씨앗 105 | 어쩌면 괜찮은 사람 107 | 한 달 살기 110 | 건강한 하루 114 | 삶 곳곳에 다정함이 숨쉬기를 118 | 각자의 계절 119 | 불완전한 나 120 | 꿈 122 | 나약한 젊음 125 | 나의 청춘기 127 | 조금 덜 어린아이 131 | 착한 사람 134 | 서로를 위로하는 137 | 종이 위에 머무는 시간 138 | 고독 142 | 존재였었는데 떠나간 것들 143 | 오래 머무르지 않기 144 | 열병 145 | 연약한 밤 146 | 저마다의 슬픔 147 | 틈틈이 148 | 저울질 149 | 값싼 행복 151 | 걱정 이불 154 | 그때가 좋은 거야 155 | 일기장 157 | 울음은 더 나아가기 위한 발돋움이다. 160 | 기대하지 않으면 아무것도 잃지 않는다 164 | 성장통 166 | 이동식 반신 욕조 169 | 억겁의 밤을 지나 172 | 나의 삶 174 | 나의 계절 175 | 삶은 쉽지 않지만, 그래도 잘 지내보자. 177

chapter 4
'인간관계'에 관하여

사람과
사람 사이에서

위로에게 위로를 183 | 시시한 관계 184 | 글짓기 186 | 온전한 관계 188 | 마음가짐 190 | 함께 191 | 관계든 마음이든 사라지면 깨닫는다 192 | 그리움은 곧 아름다웠던 시절의 장면 194 | 거리 두기 196 | 미워하는 마음 200 | 말과 말 사이 201 | 아쉬움은 더는 슬픔이 되지 않는다 203 | 잘 지냈으면 좋겠어 205 | 있었는데 없어진 것들 208 | 가늘고 긴 인연 209 | 우울증 211 | 엄마 사진 214 | 가장 큰 헤어짐 217 | 아빠의 주름 226 | 할아버지의 방 231

Chapter 1

"마음만큼만 용기 내자"
삶이 너에게 다정할 수 있게

음원과 위로에 관하여

Chapter 1

"마음만큼만 용기 내자"

삶이 너에게 다정할 수 있게

응원과 위로에 관하여

안식처

♪

 누군가의 오랜 숨 쉴 곳. 잠시나마 멈춰서 기댈 수 있는 비상구. 여긴 늘 있는 곳이니 이곳에서만큼은 당신이 마음 편하게 머물다가 다시 있던 곳으로 되돌아가기를. 당신에게 내가 종종 떠오르고 이따금 찾아올 수 있는 곳이길. 그거라면 나는 다 괜찮다.

귀한 사람

♪

　세상에 미운 것은 무수히 많고, 어쩔 수 없이 속상해질 수밖에 없는 일들이 더러 있다. 그런 삶 속에서 우리는 혼자 삭히고, 울어야 할 것들을 마주하곤 한다. 그러다 아주 가끔 삭히고, 물렁하다 못해 터져버릴 마음을 누군가 토닥여줬으면 해서 기댈 수 있는 목소리에 마음을 누이고 싶어질 때가 오는데 그날이 딱 그런 날이었던 것 같다. 오늘만큼은 혼자 울고 싶지 않은 날, 창가에 쭈구려 앉아 어린아이처럼 잔뜩 투정 어린 맘으로 걸었던 전화. 십여 분을 쉬지 않고 속상함을 토로하다 수화기 너머로 들린 그 사람의 목소리가 물렁해진 맘을 토닥였다.

"너무 아픈 말은 들은 적 없던 것처럼 흘려버리고, 그 기분에 너무 오래 있지 말자. 너는 참 귀한 사람이잖아."

사는 게 무엇인지 짐작조차 어려웠던 마음에 하루를 버릴 만큼 힘에 겨웠던 하루가 누군가의 위로로 인해 순식간에 기류가 바뀌었다. 말에는 참 큰 힘이 있었다. 그날 이후 다시 또 불완전한 밤이면 그때의 위로를 생각하며 오늘도 잘 버텼다고 다독인다. 이제는 습관처럼 그때 그 사람의 위로를 되새기는 탓에 오늘의 나는 이런 기분에 오래 머무르지 않을 수 있다.

정말 무엇보다 귀한 나의 오늘이니까.

내일

♪

 어쩌면 우리는 온갖 불행과 고통을 감내하며 자라난 걸지도 몰라요. 생각해보면 삶은 아무도 알려주지 않아서 혼자 감내해야 하는 것투성이였잖아요. 상처받았음에도 한숨한 번에 밀어내고 울지 않았던 것도 나만의 강단으로 눈물을 훔치는 방법이었을 테고, 경험은 그만큼 우리를 단단하게 만들고 있을 거예요. 해가 지고 난 뒤 암흑으로 뒤덮였다고 너무 움츠리지 않아도 됩니다. 다시 또 뜨는 해는 찾아올 테니까요. 지나갈 거라는 기한 없는 희망만을 떠들기보다 그냥 이 어두운 순간이 너무 영원할 거라고 낙담하지만 않길 바라요. 그저 이런 삶만 있을 거라고 단정 짓지만 않으면 됩니다.

좋은 하루 보내세요

♪

좋은 하루 보내세요!

일상에서 내가 사람들에게 종종 건네는 인사이다. 이 말의 시작은 글을 읽어주던 어떤 한 독자님께서 오늘 정말 우울한 하루였는데 방금 내 글을 읽고서 위로를 받으셨다는 말에 답장을 쓰다가 답장의 끝에 '지금부터는 좋은 밤 되세요.'라고 했던 것에 비롯됐다.

그 후에 택시를 타고 내리면서 종종 하는 인사도 '기사님, 감사합니다! 좋은 하루 보내세요!'라는 말을 하고, 음식점을 가서도 계산을 하고 나서는 길에 종업원분께 '맛있게 잘 먹고 갑니다. 좋은 하루 보내세요.'하고 인사를 건네곤 했다.

누군가에게 먼저 말을 거는 것조차 소심한 사람에게는 큰 용기가 필요하다. 습관처럼 덧붙이는 말 같지만, 이 말을 건네기 전까지 몇 번을 망설이고, 작지만 큰 용기가 필요한 일이었다. 처음에는 웃음 짓는 것도 어색하고 처음 본 누군가에게 순간적인 밝은 목소리를 내는 것이 낯선 느낌이 들기도 했지만, 호주머니 속 사탕을 건네듯 작은 용기를 거듭 건네다 보면 그 누군가에게 기분 좋은 웃음을 듣기도 하고, '감사합니다. 학생도 좋은 하루 보내요.'라는 말도 흔하게 다시 되돌아왔다.

비록 형체는 없지만 살아가면서 그냥 지나칠 수 있는 누군가의 평범한 순간에 돈을 내지 않고도 따뜻한 미소를 사기 가장 쉬운 방법이었다. 내 하루에 무심코 스쳐 가는 많은 사람들이 작고 소소한 낯선 이의 응원을 듣고 기분 좋은 미소를 짓고 하루를 잘 지냈으면 좋겠다. 이 마음을 나누어 지금 나의 글을 읽어주는 누군가에게도 이렇게 건넨다.

지금부터 좋은 하루 보내요.

사랑을

사랑답게

ⓕ

 어여쁜 풍경을 보며 걷고 있으면 꼭 당신에게 이 장면을 보여주고 싶다는 생각이 자연스레 떠오른다. 이 햇살 좋은 날 이런 풍경을 당신 곁에서 활짝 펼쳐볼 수 있었으면 좋으련만. 마음 맞닿아 손끝에 맺힌 말들을 전해주고 싶단 생각을 한다. 당신에게 전하고픈 풍경과 문장이 자꾸만 쌓인다. 바라건대 당신이 너무 어두운 곳에서 먹먹히 지내지 않았으면 한다. 어디에 있든 무엇을 하더라도 오래도록 아름답기를. 사랑을 사랑답게 사랑받기를.

내가 정답인 것처럼

㉑

"나는 내가 살면서 힘들지 않았던 순간이 단 한 번도 없었는데 그럼에도 잘 버텼다고 생각해."

 한없이 나약한 순간에 그곳을 파고들어 나를 구제해주는 듯한 사람이 드물게 나타난다. 한 날은 우울한 나를 기분 좋게 해주겠다며 그는 자신의 차에 나를 태워 30여 분을 달려 어느 해수욕장에 도착했다. 그는 자신이 힘들 때마다 종종 찾던 바다의 끄트머리에 있는 한 벤치로 나를 이끌었다. 그렇게 우리는 한참 동안 서로가 살아온 이야기를 나누고 마치 서로의 삶 곳곳에 서로가 존재한 듯한 기분이 들 정도로 섬세한 기억마저 모조리 끄집어냈다. 덤덤하게 읊어가는 그의 삶과 지금의 그는 이런 표현이 어떨진 모르겠지만 정말 그 사람다웠다. 많은 경험을 했고, 끝엔 그래서 자신이 지금 잘 살고 있다고 말하는 그를 보며 생각했다.

 참 대견하다.

 감히 짐작할 수도 없는 삶을 잘 견뎌온 그가 대견하다. 나는 종종 스스로가 싫어서 다른 이에게 자주 기대어 살고 싶단 생각을 하곤 했었는데 그는 자기 혼자 스스로 서 있을 줄 아는 사람이라는 게 부럽기도 했다. 힘든 순간 속에서도 끊임없이 긍정을 찾았고, 그 긍정은 끝내 결과를 가져다줬다. 결국은 자기 자신의 입으로 나 잘 견뎠다고 잘 살아왔다고 선뜻 말할 수 있는 저 자신감이 부러웠다.

 그가 말했다. 자주 어두운 곳에 살더라도 밝은 무언가를 바라보며 살아가다 보면 우리에겐 결국 바라던 그때가 온다고. 그저 지금 할 수 있는 것을 하고, 힘껏 너의 젊음을 고민하고 앓으면서 마치 내가 정답인 것처럼 살아가라고.

모든 것을 잃은 것 같았던 날에도

　　　　　　나는 살아졌다.

♪

　사람이 가고 난 후에 또 다른 사람이 오고, 끝에 닿았대도 다시 시작할 수 있는 기회가 주어지고, 사라진 자리를 결국 채워주는 또 다른 것이 생긴다. 일단 오늘을 견디면 삶은 내내 눈물겹던 내게 살아갈 이유를 두엇쯤 던져 준다. 잃어버린 곳에서 조금 헤매다 보면 길은 자꾸 이어지듯이, 무엇도 될 수 없을 것 같던 날도 묵묵히 발걸음을 옮기다 보면 서서히 무엇이 되어가는 내가 된다. 그렇게 고요하지만은 않은 매일을 살아 나의 삶이 되었다. 사랑했던 존재로부터 울었던 밤들도 모두 지나가고 다시 또 우는 날은 오겠지만, 그럼에도 또다시 지나갈 테니 우리는 오늘도 오늘만 묵묵히 살아내자.

모든 것을 잃은 것 같았던 날에도 나는 살아졌다.

우울 금지

♪

 울기 좋은 빈방에 갇혀서 어둠만 거닐지 말고 기분 전환하러 산책이라도 가자. 머리가 아프면 약이라도 먹고, 약을 먹으려면 밥도 좀 챙겨 먹어야지. 우울도 마음에 너무 오래 넣어두면 습관처럼 몸에 물들어. 적당히 울다가 나와. 조금만 걷자.

잠실철교

 전철이 잠실철교 위를 밟는 순간, 창은 한강을 가득 담았다. 어두운 지하를 빠져나와 볕을 쬐는 사람들. 서울에 온 뒤로 유독 좋아했던 풍경이 잠실철교를 지나면 차창 너머로 볼 수 있었던 한강의 풍경이었다. 그 모습을 놓치지 않으려 휴대폰 스피커를 막고서 사진을 몇 장 찍는다. 애써 기다렸다 앉았던 좌석에서 일어나고 싶을 정도로 오후 네 시의 한강은 아름답다.

이렇게 환한 볕이 길게 뻗어 들어오는데 전철 안 대부분의 사람들은 휴대폰에 고개를 고정했고, 누군가는 눈을 감고 있었고, 누군가는 책을 읽을 뿐이었다. 너무 일상적인 장면이라서 그런 걸까. 그저 보는 것만으로도 이리 좋은데 나와 비슷한 사람은 이곳에 없는 건지. 전철은 잠실철교를 지나쳐 다시 지하로 들어왔고, 문득 너무 혼자인 기분이 들었다.

 언젠가부터 혼자인 곳을 찾아다니던 나를 볼 수 있었다. 예전엔 홀로 있으면 마음이 갑갑하고 누군가를 만나 충전하는 시간을 갖는 게 좋았던 것 같은데 이제는 홀로 있어야 방전된 배터리가 충전이 된다. 한강을 좋아하는 일도 날이 포근한 날 흐르는 강물을 멍하니 보고 있으면 그 많던 복잡한 생각들도 함께 흘러가는 듯한 기분이 들기 때문이었다.

 하루에도 많은 시간을 쏟으며 생각을 정리하는 것에 몰두하곤 하는데 우울했던 과거와는 달리 어느덧 이런 고독을 이제는 미워하지 않고 버틸 수 있다는 것 자체가 차츰 성숙해지고 있다는 말이겠지. 마음을 두드리고 생각을 가다듬는 이런 시간이 매일 내게 작용한다. 고독을 면밀히 마주하고 정체성 없이 보내는 이 하루도 소중하게 느껴지기도 한다.

 빠르게 지나치는 전철 안에서 잠깐의 느린 풍경을 감상하는 일. 저 풍경처럼 나의 생각도 그저 한 컷에 머물다가 사라졌으면 좋겠다. 그리고 저 창 너머의 강물처럼 잔물결만 이는 고요함을 닮아 마음마저 잔잔해지기를.

이쯤이면 충분했다

 어느 시점부터 '이쯤이면 충분했다.' '오히려 좋아.' 하고 감정은 경험을 쌓는 일이라며 앞으로의 삶을 더 생각하려 거듭 애썼다. 무언가에 상처가 났을 때, 상처 낸 부위를 깊게 들여다보지 않고 그럴 수도 있지 하며 마음이 조금이라도 빨리 그 지점을 벗어났으면 하는 바람이 생겨버렸다.

 힘껏 마음을 쓰는 것들은 미련 비슷한 슬픔을 데리고 온다. 살다 보니 각자의 입장 차이로 인해 생겨버린 멍울을 일일이 다 아파하며 살아가기엔 내 삶에 너무 많은 스크래치가 나는 게 아닌가 싶었다. 이미 벌어진 일은 어쩔 수 없는 것이고, 조금 침착하게 다음 방법을 모색하는 일. 적당하게 마음의 핸들을 잘 잡고 계속 유지하는 것이 더 중요하다 느꼈다.

 쉽게 털어버리기 위해서 가끔은 그 상처에서 웃음으로 도피한다. 그 감정에 오래 머무르면 가장 서글픈 게 나라는 것을 알기에.

굳은 상처

♪

 상처가 나던 부위에 또 비슷한 상처가 나면 분명 별거 아닌데도 유난히 아파지기도 한다. 그 부위가 단단해질 수 있게 마음을 덕지덕지 바르고 말리고 또 바르고 말리는 것을 되풀이한다. 그 후에 또 다시 비슷한 상처를 대면할 땐 더는 외면하지 않고 마음으로 맞설 수 있기를 바란다. 흘린 눈물만큼 우린 결국 더 나아지기 위해 상처를 직면하는 것이니까.

안부

별거 아닌 일도 서로의 공통점으로 줄줄이 엮어 우리의 대화 속에 한 움큼 떨쳤던 날을 기억한다. 이젠 내가 모르는 곳에서도 활짝 피어 웃으며 살아가겠지. 그래도 네게 습관처럼 찾아오던 우울이 멎고 기쁜 일만 가득했으면 좋겠다. 고요하고 어둡던 지난밤보다 맑고 환한 아침처럼 살아가. 자주 울지 말고, 너무 누군가를 많이 사랑하려고도 하지 말고, 혼자여도 우뚝 서서 단단히 나아가. 삶이 너에게 번번이 다정했으면 좋겠다.

각색

기억이란 하나의 이야기가 되어 고스란히 담긴다. 그게 번뇌의 기억일수록 자기연민에 의한 편집으로 픽션이 되어버리기도 한다. 그렇기에 누군가를 기억하게 될 땐 조금 더 애틋함을 섞어 멋대로 과거를 각색하기도 하고, 상처는 떠올리기만 해도 지겹고 피곤한 것이기에 슬픔이라 쓰고 어떻게서든 행복이라고 읽기도 했다.

마음만큼만 용기 내자

'내 성격은 소심해서 그런 거 잘 못 해.'

당연하게 체념해버리는 순간이 있다. 속으로는 바라면서도 겉으로 뱉어내는 것은 오히려 먹혀들어 가는 경우가 허다하다. 여태까지의 노력으로 만들어진 지금의 삶은 못한다는 변명으로 막아둔 꽤 조밀한 자책들로 이루어져 있다. 순간마다 너무 많은 여지를 남겨두면 내내 마음엔 잔여물들이 남는다. 그건 늘 후회를 동반하고 어쩌면 더 웃을 일이 많을 삶을 지레짐작으로 포기해버리는 걸 수도 있다.

부지런히 하고픈 말을 하며 살자. 더도 말고 덜도 말고 마음만큼만 용기 내자. 너무 나의 가능성마저 단정 짓지는 말자. 너무 후회할 것이 뻔한 순간마저 돌아서지는 말자.

너무 거창할 필요도 없고, 너무 소박할 필요도 없고 그저 마음만큼 부단히도 행복부터 하자. 확실히 행복해질 일을 사실 우리는 너무 잘 알고 있지 않은가.

비어있는 곳을 채우는 풍경

♪

 밤의 한강. 사람들은 한 시간이고 두 시간이고 앉은 장소에서 잔잔히 흐르는 강물 앞에서 저마다의 시간을 보낸다. 걷다 보니 마주한 뜻밖의 풍경 같은 것들, 시간이 빠르게 가지 않길 바라는 연인들, 밤을 닮은 음악들. 비어있는 일상의 곳곳을 채우기에 알맞은 풍경들. 살다 보면 이렇게 평화로운 하루들이 내심 고맙다. 마음만큼 살아가는 일은 늘 어려웠지만, 기대했던 마음보다 더 크게 다가왔던 희열들이 때론 삶에 더 큰 기쁨을 주기도 했다.

위로를 건넬 용기

 타인의 아픔에 저울질을 하는 사람이 있다. 상대의 살아온 궤적을 알지도 못하는 누군가가 자신이 더 힘든 일을 겪었다고 마치 자신의 아픔에 무게를 달아 자랑인 것처럼 떠드는 사람. 그건 자신의 경험에만 알량한 자존심을 부리는 일이나 다름없다. 과연 상처에 저울질이 무슨 소용이 있을까. 그렇다고 각자가 겪은 아픔은 사라지질 않는데. 우리는 늘 누군가의 일부분만큼의 마음만을 이해하며 살아갈 수밖에 없다. 저마다 다른 크기와 깊이로 살아가는 누군가에게 그저 지나갈 거라는 기한 없는 희망을 주기에도 어렵고 그 정도는 견뎌내라며 누군가의 아픔을 쉽게 단정하고 싶지도 않다.

너무 많은 말보다 쉬었다 가라며 어깨 한번 빌려주고, '힘들었겠다.' 하며 다정한 품 하나 내어주고, 배울 수 있는 유일한 방법은 실수를 하는 일이라며 모든 걸 다 쉽게 해내면 그 과정으로 배울 수 있는 것은 아무것도 없다고 실수한 이에게 마음 닿는 위로를 해주는 것. 그것이 더 우리에겐 큰 위안이 될 수 있다.

 우리 모두는 찬찬히 익어가고, 경험으로 성숙해지고 있으니 서로에게 상처를 보듬을 수 있다는 용기만 주어도 족하다. 이미 충분히 상처받고 아파하는 이가 오늘보다 내일 더 아물 수 있기만을 바랄 뿐이다.

사랑하는 이에게

♪

 사랑하는 이를 위해 내가 해줄 수 있는 것은 그 사람이 편히 말을 꺼낼 수 있게 지긋이 바라봐주고 귀를 기울여주는 것이다. 서로에게 기대어 위안을 나누어 먹는 일. 가장 중요한 것은 그 어떤 말보다 곁에 있어 주는 것. 그리고 믿어주는 일이다. 지금도 거듭 너의 슬픔을 함께하고 있다고 껴안아 주는 일이다.

슬픔은 살이 찐다.

♪

 밤 열한 시. 막차 버스 맨 뒤에서 두 번째 자리쯤. 밖은 이미 한 차례 쏟아진 비에 온 세상이 젖어있었고, 종점으로 달리는 버스 안은 사람이 꽉 차다가 비워지길 반복했다. 조금 한산해질 무렵, 졸린 눈으로 끔뻑끔뻑 거리다가 어디선가 흐느끼는 소리에 어떤 여자에게 시선을 옮겼다. 슬픔을 가득 머금은 몸은 앞으로 치우쳐 있었고 겨우 자신의 긴 머리카락으로 가려 울만큼 숨을 곳이 없어 보였다.

 버스 안에 사람들은 모두가 이어폰을 꼽고 각자의 일상에 잠겨있는 것 같았다. 그중엔 누군가와 통화를 하며 꺄르르 웃음 짓는 사람과 술에 잔뜩 취한 사람도 있었지만,

누군가의 울음에 귀를 기울이진 않았다. 오늘 깜빡하고 이어폰을 들고 오지 않은 나만이 그 울음을 듣고 고개를 들었다. 기분이 이상했다. 이어폰 하나로 귀를 막았을 뿐인데 누군가는 세상 행복한데 누군가는 세상 불행한 이 장면이 너무 생경하게 다가왔다.

내 곁에 앉은 낯선 사람도, 창밖에 보이는 익숙한 풍경도 여자의 새어 나오는 울음을 뚫고서 버스 안에 작게 흘러나오는 라디오 소리도 어느 하나 다 무심해 보일 뿐이었다. 차마 손을 내밀지도, 괜찮냐며 감히 묻기도 어려워 창밖으로 시선을 거뒀다. 그저 마음으로나마 여자의 울음이 멎고 감정을 털어냈길 바랄 뿐이었다. 그분을 본 뒤로 며칠 내내 마음이 불편했다. 어떤 이유인지는 모르겠으나 자꾸만 희미하게 들썩이던 뒷모습과 들키지 않으려 자꾸 삼켜내던 울음마저 마음에 여운처럼 남았다.

슬픔은 삼켜낸 감정만큼 살이 찐다. 살아가다 보면 '왜 내게만 이런 일이 생기나.'하고 말하지 못할 만큼 상실감이 찾아올 때도 있다. 이 빽빽하고 울창한 빌딩 숲 사이 살아가는 저마다의 삶 속에서 다들 웃는데 나만 혼자 울고 있는 하루도 존재한다.

다만, 자신보다 큰 슬픔에 짓눌리는 하루가
당신의 내일에는 오지 않기를 바랄 뿐이다.

스스로 반짝였다는 것을

♪

  그리워지는 날이 많아진다는 것은 진한 행복이 삶 군데군데 있었다는 증거가 되겠지. 언젠가 또 지나고 있는 지금을 그리워할 날 또한 오겠지. 어제 만났던 친구와의 술자리가 그리워질 테고, 며칠 전 바다 근처로 떠난 가족여행이 그리워지겠지. 그러니 우리는 우리도 모르는 사이에 행복을 쌓아가는 중일 거다. 과거는 기억하는 사람이 있어야 가치 있는 것이기에 우리는 늘 그리워할 것들을 붙잡고 살아갈 거고, 언젠가 과거의 나로 오늘의 나를 위로하게 되는 날도 있을 거다. 아무렴 기나긴 삶에 단역 같은 하루를 보냈더라도 충분히 스스로 반짝였다는 것을 기억하기를.

소소한 행복

♪

 우리의 하루엔 자신이 느낄 수 있는 기쁨이 곳곳에 있는데 행복하기만 해야 한다는 강박에 휩쓸리다 보면 자칫 큰 것만을 바라느라 소소한 것들을 쉽게 지나칠 수 있다. 매일 걷던 거리도 다시 한 번 더 들여다보고, 신경 써주지 못한 누군가에 대해 한 번 더 생각해보고 하루의 감정들을 열거하고 쓰다듬어 기억할 것을 거듭해서 되새기는 것이 중요하다.

 그럴싸하게 꾸며진 것들을 추구하는 게 아닌 진정 마음을 들여다볼 수 있는 것들을 해야 한다. 이를테면 시간과 애정이 묻은 것들을 자주 살피거나, 소중한 존재를 잊지 않고, 정리되지 않은 생각들을 나열해보는 것처럼 말이다. 언제나 행복해야 할 것 같은 강박이 잘 살아가고 있다는 말로 착각하면 삶은 쉽게 불행에 가까워진다.

 우리의 삶은 거창함보다 작은 소소함으로 채워져 있고 그 안에 소소함을 알아가는 내가 된다면 어느새 행복은 일상 속 곳곳에 스며들어서 습관처럼 내게 찾아올 것이다.

흔적

떠밀려 살아진 오늘이더라도, 정체된 것 같은 삶이 반복되는 듯싶어도, 불안에 들들 볶던 새벽에도 묵연히 오늘을 지났다면 그 또한 발자국을 남기는 중인 거다. 그 누구도 나의 발자국을 알아채 주지 않아도, 그것이 눈으로 보이지 않는 것이라고 해도. 창문 틈으로 작게 들어오는 빛으로도 나의 공간을 밝힐 수 있는 것처럼 우리는 흔적을 남기고 있다. 아무것도 남지 않는 하루는 없고 서툰 나를 품은 건 결국 아주 평범하고도 사소했던 보통의 날들일 테니. 우리는 지금도 무수한 흔적을 남기며 나름의 쓸모를 새기고 있나.

언덕

♪

 엄마는 네가 오는 날이면 아침에 그토록 무겁던 몸도 잘 일으킬 수 있단다. 무릎이 쑤셔도 이리저리 쏘다니며 집 구석구석 손을 뻗어 청소도 하고, 손자국이 난 유리창을 닦고, 방마다 청소기를 돌리고, 쌓인 빨래를 돌린단다. 네가 있던 방안에는 계절에 맞는 침구를 다시 깔아두었어. 그리곤 며칠 전에 해둔 김장김치를 몇 포기 싸다 놓고 너를 기다린단다. 시간이 흘러도 여전한 나의 아이야, 네가 사회에 첫발을 내딛겠다며 반짝이는 눈으로 떠나간 그즈음에도 그랬고 눈을 감던 어젯밤에도 내내 베갯잇을 서성거렸단다. 삶에서 넘어질 것 같으면 이곳으로 와도 된단다. 두 팔을 벌리고 너를 가득 안아줄 품이 되어줄 테니. 이곳은 너를 위한 곳이라는 걸 잊지 않기를 바란다.

시간이 흘러도 여전한 나의 아이야,
삶에서 넘어질 것 같으면 이곳으로 와도 된단다.
두 팔을 벌리고 너를 가득 안아줄 품이 되어 줄 테니
이곳은 너를 위한 곳이라는 걸 잊지 않길 바란다.

Chapter 2

추억이 피고 진,
그렇고 그런 사랑이라도.

사랑과 이별에 관하여

Chapter 2

추억이 피고 진,
그렇고 그런 사랑이라도.

사랑과 이별에 관하여

마음의 시작

♪

 누군가를 좋아하는 마음일까 헷갈릴 땐 그 누군가와 시간을 보내봐야 안다. 밥도 먹고 영화도 보고 드라이브도 하고 술도 한잔하며 소위 연인 같은 시간을 보내고 그 사람과 헤어지고 집에 들어가는 길에 그 사람에게서 '잘 들어갔어?'라는 연락이 오길 기다려진다거나 문득 더 나은 사람이 되고 싶다거나 괜히 오늘 있었던 장면을 떠올리면 웃음이 난다거나 헤어지기 전 시간을 조금 더 미루고 싶었다거나 그런 것들. 그를 보러 가는 길이 지루하지 않았고 집으로 돌아오는 길에 자꾸 아쉬운 마음이 들었다면 그건 마음의 시작이다.

그런 사랑

 일생에 단 한 번 그런 사랑이 찾아온다고 했다. 지난 사랑 따위 별거 아니었다는 듯 이전의 기억을 삭제해버리는 만남. 물결은 커다랗게 일렁이고, 일렁이다 못해 마음까지 밀려와 결국 잠식해버리는. 내 삶을 파도처럼 자꾸만 들르는 그런 사랑.

꽃
다
발

계절을 견디고 끝내 피어나 가장 아름다운 자태로 엮어 누군가의 마음에게로 간다. 짧은 순간 큰 환희를 받고서 서서히 시들어간다. 끝내 버려질 걸 알면서도 나는 당신에게 순간을 선물한다.

너의 불안까지
　　　　　사랑할게

♪

　마음 낮은 내가 높은 곳에 올라 너라는 정상을 품어도 봤다. 여전히 무르고 먹먹했지만 사랑한다 말하던 순간만큼은 잠시 단단한 돌멩이가 되기도 했다. 한번은 그가 내게 말했다.

　"이제 나는 네 편이니까 울고 싶으면 울고, 투정 부리고 싶으면 마음껏 부려도 돼. 충분히 받아줄 수 있어. 내가 너의 불안까지 사랑할게."

　이 말은 내가 너를 사랑하게 된 이유가 되기도 했었는데 지금은 공기 중으로 흩어져서 우리에게 아무런 의미가 되어주지 못한다.

너와 헤어지는 게 두려웠다기보다는 어느새 나의 삶에 너무 깊게 뿌리내린 너를 외면하고 다시 혼자가 되는 게 더 두려웠던 걸지도 모른다. 외롭고 쓸쓸할 때마다 네가 생각날까 봐. 이 외로움 때문에 다시 널 찾아들까 봐. 나는 그게 두려웠던 게 아닐까.

언뜻 알고 있었다. 당신과 나. 우리에게 많은 시간이 남아 있지 않다는 사실을. 우리에겐 더 쓸 마음조차 없고, 더 소모할 슬픔조차 거의 소멸됐다는 것을 우리는 서로에게 아무리 많은 것을 주었대도, 결국은 아무것도 남지 않는다. 그저 그렇고 그런 연애 하나가 추가될 뿐.

마침표

♪

 인연이 끝날 때쯤, 서로에게 스크레치를 내려고 매서운 말들을 쏘아붙이는 것보다 그래도 우리가 계절을 지나왔고 서로의 삶에 머무르며 나눴던 순간들은 소중했으니 이만하면 충분했다 하고 잘 보내주는 것이 잘 잊어가는 힘을 기르게 하는 일이다. 한때 소중했고, 마음 담았던 존재를 떠나보내는 일. 자의로든 타의로든 사랑을 주고받은 시절이었으니 슬픔이나 아픔보다 관계에 아쉬움을 남기던 순간이 훨씬 더 많았다. 많은 순간을 거쳐서 마무리하는 우리 관계의 마침표를 무사히 매듭짓는 일. 그게 한때 마음을 나눴던 이에게 행하는 마지막 예의이지 않을까.

재생목록

♪

 음악으로 누군가를 떠올릴 때가 있다. 사랑하던 시절에 들었던 음악을 다시 듣게 될 때 그 시절이 자연스레 떠오른다. '맞다. 그날 비가 와서 어울리는 노래를 틀어두다가 그 사람이 이 노래를 추천해줬었지.'하며 노래 제목 옆에 그 사람의 이름이 같이 쓰인다. 그렇기에 내가 좋아했던 노래를 그에게 들려줬다가 한동안 다시 듣지 못 하는 일도 생기고, 보고 싶을 때마다 일부러 그 노래를 틀어두기도 했었다.

 시간에 밀려 기억이 나날이 흐려져서 어떻게서든 흔적을 남기려 노래를 듣고 글을 쓰는 일을 자꾸 반복하는 걸지도 모르겠다. 그 시절 멜로디가 좋아서 반복 재생했던 노래를 지금 다시 듣게 됐을 땐 그제야 노래가사가 귀에 들어왔다. 그때는 슬픔은 몰랐다는 듯이 행복해했고, 지금은 마주한 모든 슬픈 구절에 그가 얽혀있었다.

슬픔을 경험했기에
그 슬픔 그대로 마음에 전이되고 만다.

여진

　　　　　　　　　♪

　보고 싶었다는 말로도 마음이 다 설명됐던 시절도 있었다. 목을 끌어당겨 그와 눈을 맞추면 내 모든 신경이 기울어져 찰나이지만 영원이 될 것만 같았다. 부끄러워 고개를 숙이고 뱉었던 말들 중 진심이 아니었던 건 어느 것도 없었고, 우리는 자주 고개를 끄덕였었다. 추억이 피고 진 자리엔 너의 여운이 여진처럼 지속됐다.

서서히

♩

  단단했던 기억이 연약한 시간에 담겼으니 서둘러 웃지 못하는 것도 쉽게 위로받지 못하는 것도 어쩌면 당연한 것이다. 여기까지라고 선을 그었대도 한 사람은 차마 여기까지일 수가 없으니. 잊지 못하겠다면 조금 더 슬퍼해도 되고, 다른 누군가를 받아들일 자신이 없다면 조금 더 혼자여도 되고, 여전히 그립다면 조금 더 서성이는 것도 괜찮다. 열렬히 뜨거웠던 시절이었기에 지우려다가도 사랑했던 장면이 이따금 고개를 드는 것이 이별하는 일이다. 이별도 서서히 해 질 무렵이 온다.

불운

♪

 하나에서 둘이 되어 또 하나가 되기까지 무분별하게 사랑을 외치고, 어디에나 서로가 있을 거란 확신을 감히 갖고, 마음이 넘쳐흐르면 그것을 표현할 단어를 찾아 밤을 헤매고, 가장 애틋한 말을 서로에게 선물하고, 마치 시간이 멈춘 것처럼 굴기도 했다. 서로의 입술로 서로의 이름을 낭비하며 사랑이란 단어가 우리를 위해 만들어진 거라고 떠들던 우리도 결국은 흔하디 흔한 이별로 가는 사람이었다. 그저 서로에게 너무 찬란했던 불운이었다. 우린.

이별과 이별하는 일

어렵던 사랑 하나가 끝나면 그 사랑에 소모했던 시간과 감정들 때문에 재충전의 시간을 가져야 했지만, 소중한 사람을 잃고 방황하던 하루에도 삶을 아무렇지 않게 잘 살아가야 한다는 현실이 서글프게 다가올 때가 온다. 내게 이별은 그저 헤어진 사람을 만나기 전의 일상으로 돌아가는 게 아닌 삶의 절반이 떨어져 나가서 반쪽짜리 삶에 익숙해지는 것이었다. 평범한 일상에서 나의 모든 기능을 상실해 버린 마음으로 사는 일이었다. 허나 그것을 마주하는 건 나만의 몫. 그를 뺀 나의 일상은 그대로였으니 그저 반쪽짜리 마음으로 주어진 것들을 감내할 수밖에 없었다.

한동안 억지로라도 다른 기분을 만들어 살았다. 나의 모든 마음을 뒤엎은 이별도 일상에선 그리 유별난 일이 아니었기에 헤어진 다음 날도 아침이면 아무렇지 않게 정해진 곳으로 가야만 했다.

'좋은 아침입니다!'

사무실에 들어서면서 나는 평소보다 더 환한 인사를 했다. 누군가의 물음에도 내 기분과는 전혀 다른 씩씩함을 만들어 답한다. 힘없는 목소리는 조금 더 긁어내어 말하고, 입속에서 자꾸 굴려지는 누군가의 이름을 최대한 외면한다. 불쑥불쑥 고개를 드는 감정을 누르고 하루를 마무리한다.

집으로 돌아온 나는 정적이 짙어질 때쯤이면 무언가 소리를 내고 싶어하기도 했다. 이를테면 큼큼하고 목을 가다듬는 소리라던가, 헛기침을 한다던가, 평소엔 잘 보지 않던 드라마를 틀어두거나, 의미 없이 눈길이 가지 않는 것들을 틀어두곤 했다. 소리가 비어버리면 여러 상념들이 떠오를

테니 마치 정적이 찾아오면 안 될 것처럼 반복적으로 소리를 채우는 일상도 지속됐다.

미워하고 인정하고 그리워하고 지워가는 일들은 사랑에 최선을 다했던 만큼 숙제처럼 밀려들고, 그 과정은 짧은 시간 안에 다 해낼 수 없는 일이었다. 아주 오래 걸릴지도 모를 일이라 쉽게 끝이라 단정 지을 수도 없는 노릇이었다.

몇 번의 이별을 겪어봤지만, 나는 막상 다가온 이별에 늘 노련하지 못했다. 몇 계절이 바뀌어도 그가 자꾸 생각날 것만 같았고, 페이지를 넘기는 것에도 마음에 거듭 힘을 주어야 했다. 그를 찾아 헤매는 밤이 얼마나 오래갈진 모르겠지만, 흘러가는 시간 따라 그 사람이 있던 자리엔 다른 것들이 채워질 것이다. 그러니 사랑과 이별한 후에 조금 더 긴 시간이 지나면 그땐 이별과도 이별할 수 있기를 바랄 뿐이었다.

빈집

♪

 내 삶에서 한 사람이 사라졌을 뿐인데 내 집은 어느새 빈 집이 되어버렸나. 나는 그저 네가 가진 것들 중 가장 온기 같은 사람이고 싶었던 것뿐이었는데. 네가 떠나버린 빈집에 홀로 남아 이제는 시간 속에 걸어 잠근 자국을 안고 아직 살아보지 않은 세월까지 이별한 기분으로 산다.

사유

♪

 네가 봄이었다면 다시 되돌아올 거란 기약이라도 있었을 텐데. 가을바람에도 봄 내음이 난다 말하며 냉담한 겨울에도 시린 눈을 기쁘게 맞았을 텐데. 다시 올 거란 기약만 있다면 어떤 사유를 만들어서라도 남은 계절을 견뎠을 텐데.

구겨진 낱말

이미 지나간 사랑한단 말을 여러 번 읊조리던 밤이었다. 떠나간 우리를 생각하다 보면 추억도 자꾸 자라는 기분이다. 구겨진 낱말들이 나의 밤 어디쯤을 자꾸 떠돌고 흩어져도 의미는 계속 자란다. 철 지난 물음에도 수백 개의 답을 하며 어떤 핑계를 대서라도 너를 다시 그리고 싶은 밤이 있다.

보고 싶었어

날씨가 궂은 날이면 마음이 늘 어수선했다. 어딜 가도 전할 길 없는 마음만이 혼잣말로 머물다 망설이던 계절은 그렇게 다 갔다. 마음을 접고 접어서 고작 손톱만큼이 됐을 때, 겨우 계절을 핑계로 건넬 수 있다. 잘 지내냐는 안부를. 무수한 합리화로 지어낸 서툰 안부. 그리움은 내 온몸을 지배하고도 남아돌았었는데 보고 싶었단 말 한마디 전하기까지 얼마나 많은 감정을 접어야 했는지 모를 거다.

이
별

재
회

♪

-보고 싶어

 취기가 도는 새벽에 강변길을 비틀비틀 걷다가 휴대폰 속을 뒤적거리곤 술김에 보내지 말아야 할 말을 보내버렸다. 헤어진 후에 처음으로 보낸 연락은 보잘것없는 네 글자였다. 그가 곁에 없던 시간 동안 사랑하는 사람이 사라졌다는 사실은 내가 아무것도 아니게 된 것처럼 무의미한 시간으로만 채워졌다.

그와 헤어지기 전, 이별을 대비하기 위해서 조금씩 추억 거리를 정리했던 적이 있었다. 사진을 정리하고, 일상 곳곳에 있던 흔적들을 눈이 닿지 않는 곳에 숨겨두곤 그 후에 올 일상을 잘 견뎌내기 위해 애썼지만, 그때는 몰랐다. 그저 파도가 밀려들 거라 생각했던 그 파도에 내 모든 것이 무너질 거라곤.

그는 먼저 보낸 내 연락으로부터 아주 가끔 내 삶에 들렀다. 나는 서서히 사랑했던 우리가 없다는 것과 남겨진 것도 없다는 사실을 인정했다. 한걸음 물러서서 추억으로 남기는 연습을 한다. 차츰 이별에서 벗어나기 위해서 조금씩 조금씩 그 사람을 버려갔다. 간혹 울지 않는 밤도 있고, 종종 다른 사람과의 연락으로 웃음 짓는 순간도 있었고, 이별한 친구에게 시시한 위로를 전할 때도 있었다.

버려진 적 있는 마음은 다시 들뜨기 쉽지 않았고, 안부를 묻는 그에게 걸 기대 같은 건 짜게 식은지 오래였다. 늦은 마침표를 찍는 일. 그저 추억으로 남기는 게 이별의 최선이었다.

우리는 서로에게 읽어주던 책 한 권이기도 했고, 황홀스럽던 음악이기도 했고, 쓸쓸한 젊은 날에 서로를 껴안아줄 체온이 되기도 했다. 그저 시간 따라 견뎠거나 서서히 무뎌지다 보면 그보다 다른 누군가를 더 생각하게 되고, 문득 떠오르면 이따금 귀퉁이를 접어두고 꺼내 볼 추억거리 정도로 남는다. 한때 사랑했던 추억은 완전히 사라지거나 잊힐 순 없다.

용량

덜 사랑하려 애쓰거나 너무 사랑하며 사는 이들을 보면 조금 두려워진다. 우리의 마음이 시작부터 용량을 정해두었다면 어땠을까. 같은 마음의 양을 서로에게 줄 수 있었다면 우리는 과연 더 사랑할 수 있었을까. 관계는 늘 마음의 무게 때문에 불균형을 초래한다. 마음을 적당히 나누어 가질 순 없는 걸까. 사랑을 사랑답게 할 수 없는 걸까.

테두리를 먼저 그어둔 사랑이었어.
딱 이 정도만 사랑하자
여기서 벗어나면 더 사랑하지 말자
하고 선을 그어둔 채
어렵게 마음을 주고 쉽게 도망친 사랑이었어.

밤의 음영

♪

 밤의 음영들. 어둠과 은은한 빛들. 그 속에 소곤대는 마음으로 서로를 마주한 우리. 우리는 사랑하면서도 사랑한다는 말을 하지 않는 무책임으로 만난다. 결국 사라져버릴 것이지만 손에 쥐고 이 순간이 나의 전부라고 말하기도 하네. 폭죽처럼 화려하게 터졌다가 이내 식어버리면 볼품없어지겠지만, 떠 있는 순간만큼은 서로를 위해 아름답게 빛나리.

다 이별하지도 못한 채

지나간 사람이 남겨두고 간 기억은 네 계절을 다시 덮어도 선명했다. 남겨진 사람은 그 사람이 두고 간 흔적을 따라 걷는다. 어떠한 시간 속에 살아도 남겨진 흔적이 따라다닌다. 서러운 발걸음으로 집으로 도망쳐도 애틋한 기억이 가득한 공간은 또다시 흔적이 들러붙는다. 방 한 켠에 붙여둔 그 사람과의 사진을 버려야 할 때 이 사진을 내가 찢을 수 있을까 고민하는 것도 이미 끝나버린 우리를 실감하는 일 같아서. 차마 버릴 수도 없고 지울 수도 없지만 그렇다고 가지지도 못한 채, 그 시절 이별의 냄새가 향수처럼 곳곳에 퍼졌다.

여운

사랑하는 일이 사랑하지 않는 일보다 더 쉬웠을 뿐이다. 사랑해도 부질없는 일들이 허다하지만 그 답을 알면서도 식어버린 것에 내 뜨거운 마음을 녹여서 조금의 온기라도 만들어보려고. 그렇게라도 미지근한 여운을 느끼려고.

여
름
밤

한참 더워지는 날씨를 뒤로 한 채, 땀을 뻘뻘 흘리고도 누군가의 손을 놓지 않고 걸었다. 따가운 햇볕이 눈꺼풀을 괴롭혀도 서로의 미소 한 번이면 녹아드는 날들의 연속.

뜨거운 여름이 끝날 때쯤엔 우리 캠핑을 하러 가자. 가을이 오면 속초도 다녀오자. 겨울이 오면 설산을 보러 제주도를 갈까. 봄이 오면 우리만의 벚꽃 명소를 찾아보자며 서로의 사계에 당연하게 그려 넣던 우리였다.

내가 끌어안은 네가 무엇인지도 모른 채 모든 게 다 충분하다고 착각했던 나였다. 여름이 상하기 좋은 계절이기 때문이었을까. 그저 더운 꿈 하나에 불과했을까. 일기예보는 잠깐 오는 소나기를 예상하지 못했고, 그 덕분에 우산도 없이 비를 맞았다. 금세 마를 거라 여겼지만, 꽤 오래 먹먹해야 했다.

그리 길지 않던 장마 같은 사랑을 끝낸 후, 이따금 선선해진 밤거리를 걷다 종종 따끔거리는 마음을 애써 외면하고 집으로 돌아온 뒤, 마음 담은 편지를 썼다.

한 철 피어나고 진 마음이라고 해서 금방 잊혀지는 게 아니었다고. 기억의 잔향은 오래도록 남는다. 우리의 여름밤은 그곳에 영영 남아 있을 테고, 이 편지는 자주 열지 않는 서랍 속에서 몇 번의 장마를 버틸지도 모를 일이다.

부를 수 없는 이름에게

그가 떠나고 한낮의 나는 잘 하지 않던 귀걸이를 사고, 계절에 맞는 옷도 잔뜩 사고, 맛있는 것을 먹고, 드라이브를 자주 다니고, 부지런히 건강도 챙기기 시작했다. 어딘가 허전한 빈 곳을 채우려는 듯 괜한 의욕을 부리곤 만족한다는 웃음을 자주 지었다. 그리고 밤이 오면 정적이 흐르는 게 싫어 에피톤의 음악을 틀어두고 글을 적었다. 그러다 혹시라도 그를 마주치면 전해줄 시의 한 구절을 적다가 자주 열지 않던 서랍 속 귀퉁이를 접어둔 그의 이름을 꺼내 들고, 이따금 생각에 잠겨 우리를 적었다.

그리움에 무게가 더해질 때마다 손가락에 힘을 주어 글자를 더 꾹 눌러 썼다. 그가 사라져도 나는 종종 사랑이지 않은 곳에 한참을 서 있었다.

*말라 비틀어진 잎에 뒤늦은 물을 주기도 한다.
저만치 흘러간 기억에는 때늦은 미련이 들끓는다.*

공중분해

♪

 그때 우리가 두 눈을 마주 보고 뱉었던 말들이 그저 웃어 넘겨버릴 농담 같은 말이었고, '미안' 이 한 마디에 마음만 덩그러니 남겨질 정도였다면 모든 걸 넘겨버릴 만큼 네 마음이 크지 않았다는 거겠지. 묵직했던 마음은 너무도 가볍게 공기 중으로 흩어지고, 나를 에워싸던 너의 문장만이 서글프게 남겨졌다. 가엾이 저문 마음. 공중분해 된 마음만이 겨우 사랑이었다고 주장할 뿐이었다.

미안한 존재

⏃

언젠가 나로 뒤덮인 너의 하루를 살아갈 때쯤이었나. 매일 밤 남겨두는 편지 같은 말들이나, 나에 관한 것을 기억해두는 것이 당연했던 날들이나, 우리의 사랑을 야금야금 되새기며 웃음 지었던 때가 있었다. 수많은 풍경을 지나도 당신과의 몇 장면만이 눈에 익던 시절, 그래. 분명 있었다. 내가 너의 기쁨이었던 시절이. 그래서 더는 너의 기쁨이 될 수 없다는 게 지금의 나를 가장 무력하게 만든다. 나는 이제 너에게 어떠한 존재도 될 수 없는 걸까를 생각하다 마음 깊이 단 하나가 남았다. 이제 너에게 나는 그저 미안한 존재일 뿐이라는 것을.

이별이 우리를 성숙하게 만들었다

 잊었다고 말하고 돌아서면 다시 떠오르기도 했고, 지웠다고 믿한 그 밤의 꿈엔 말이 무색하게 그가 나오기도 했고, 괜찮다고 말해놓고 우리의 사랑을 끌어다가 종일 글을 쓰던 내가 있기도 했다. 그가 짙어질 것 같은 밤엔 싸구려 샴페인 한 병을 다 비우고 잠이 들어야 그 밤을 쉽게 보낼 수가 있었다. 사랑의 경험보다는 이별이 우리를 성숙하게 만들었다. 맘껏 그를 회상하고 지워내기를 반복하다 보면 그리워하는 일마저도 익숙해진다. 후에 올 인연에게 온 맘을 다하기 위해서 우리에겐 지나간 사람의 여운을 앓아내는 시간도 필요하다. 그러니 최선을 다해 못다 쓴 마음까지 소모해야 한다.

초록빛 여름

♪

  그 애와 나는 반에서 가장 키가 크단 이유로 사계절 내내 짝지였다. 그 애는 웃을 때마다 콧잔등을 찡그리는 버릇이 있었고, 내내 듣고 싶었던 중독성 있는 웃음소리를 가졌었다. 그래서인지 그 애를 웃기기 위해 내 입은 마르는 날이 없었다. 햇볕이 진하게 쬐는 창가 자리에서 자고 있던 내 얼굴 위로 그 애의 커다란 손이 느껴졌을 때, 나는 꽤 오래 눈을 감은 척하면서 그 애의 손을 실눈으로 바라봤다. 아무렇지 않게 그 애의 손을 잡아볼까 잠시 고민했지만, 심장 소리가 너무 커서 귀까지 타고 울릴 지경이라 마음을 부여잡기에만 급급했다.

마음 한구석이 자꾸 간지러워질 때마다 좋아한단 말을 건넬까 싶다가도 혹여나 우리의 간격이 멀어질까 수줍게 바라보던 눈빛을 거둔 적도 여러 번. 형상을 기억하는 내 머릿속은 눈을 감아도 허공에 너를 띄우고 너는 늘 내 마음에서나 헤엄을 쳤다.

나는 가지런히 붙어있던 우리의 책상을 좋아했고, 찡그린 너의 콧잔등을 좋아했고, 중독성 있던 웃음소리를 좋아했고, 어깨를 나란히 하고 함께 걷던 복도도 좋았고, 가끔 춥다고 하면 내게 덮어주던 너의 체육복도, 내가 저 멀리서 손 흔들면 부리나케 뛰어와 내 앞에서 거친 숨을 몰아쉬던 너도 좋았다. 싱긋 웃으며 뱉던 너의 말들이 나의 평생을 설레게 만드는지도 모르고 함께한 그 시절을 좋아한다. 좋아한다는 말의 의미가 지금은 달라졌을지 모르지만, 여전히 좋아한다. 서툴게 피어난 그 사소했던 초록빛 여름을.

사랑한다는 말에

   답이 돌아오지 않던 밤이었다.

♪

 기약 없이 떠난 마음은 어디까지 갔을까. 누군가를 떠올리지 않으려 노력할수록 그가 내 삶에 얼마나 많은 것을 남기고 갔는지만 증명이 됐다. 날숨에 그를 조금 밀어내려다 들숨에 그를 더 크게 담아낸다. 전하지 못한 편지 같은 말들이 나뒹굴어 당신이 뱉은 문장 위를 걷다가 우는 일이 잦았다. 사랑한다는 말에 답이 돌아오지 않던 밤이었다.

한 줌

♪

 예기지 못하게 다가온 사랑에 예상치 못한 크기의 사랑을 쏟았다. 계획에도 없던 순간을 너무 사랑해버리면 남아 있던 마음마저 기어코 다 쏟아진다. 마음은 눈치도 없이 헐떡였고, 몸보다 더 힘껏 부풀린 마음으로 남은 밤을 비틀비틀 걸었다. 밑도 끝도 없이 뜨거워졌던 마음으로 꺼져가던 불씨를 살리려 땔감을 넣고 넣다가 더는 넣을 것이 없어 마지막에 나를 태울 수밖에 없는 순간이 왔을 때가 돼서야 나는 온도를 잃었다. 우리의 사랑에 남은 게 내 한 줌의 미련뿐이라는 게 가장 슬프다.

너의 불행

사랑은 짧고 잊혀짐은 길었다. 나는 사랑했고, 사랑에서 멀어져야 했고, 사랑하지 않아야 했던 수많은 순간 속에서 너의 불행에 대해 고민했다. 어떤 날은 그 불행으로부터 너를 지켜주려 했고, 어떤 날은 그 불행 속으로 너를 떨어트리기 위함이었다. 이토록 나의 밤은 습관처럼 우는 밤이 잦았는데 지금쯤 너는 어떨까. 너에게 오랜 소란이었기를 바랐던 내 소원은 이루어지고 있을까. 네가 매일 밤 나쁜 꿈만 꿨으면 좋겠다. 마음을 부여잡고 그 꿈에서 깼을 땐 무의식적으로 너의 손을 잡아주던 내가 이젠 없을 테니 그런 나의 부재를 자주 실감했으면 좋겠다.

다시 사랑할 수 있을까

사랑은 하고 싶은데 연애는 귀찮고, 감정 소모는 하기 싫으면서 사랑받고 싶다는 생각을 종종 한다. 고요한 직막이 좋다가도 봄의 멜로디에 젖고 싶을 때가 오고, 신경 써야 할 존재가 생긴다는 게 좀 피곤할 것 같으면서도 오손도손 수다가 있는 저녁이 고플 때가 오고, 혼자 있는 게 편하다가도 누군가와 실없는 농담으로 채우는 통화가 괜히 그립기도 하다.

마지막 연애가 끝난 뒤 몇몇 사람을 만나고 연락을 하고 만나도 봤지만 그때마다 역시 누군가를 삶에 들이는 일엔 많은 노력과 용기가 필요했고, 상처받을까 두려움에 방패를 단단히 막아서며 진솔한 얘기를 꺼내두지 못하고

갈수록 신중함만 깊어지다 보니 그만큼의 의욕과 마음이 생기지 않아 나는 한껏 싱거워져 버린 만남을 뒤로하고, 시작도 하기 전에 정리하는 일이 꽤 쉬워졌다. 몇 번의 사랑에 실패하고 나니 소중하다고 생각하기까지의 기준이 날로 더 깊어진다. 상실의 아픔을 겪은 사람에게는 과거의 그림자가 드리울수록 마음의 겁이 자란다.

누군가를 다시 벅차게 만들 수 있을까
그만큼 다시 사랑할 수 있을까

당신의 바깥

⨁

　언젠가부터 나는 당신의 바깥에 존재했다. 우리의 연애엔 나를 사랑하는 사람은 없었다. 그냥 내가 사랑하던 너와 너를 자신보다 사랑하던 나만 있었을 뿐. 그 시절 내게 사랑은 자해였다. 상처받지 않으려면 그 어느 것도 사랑해선 안 됐다. 누군가를 전부인 것처럼 살아보면 그 사람이 떠난 후에 내게 남은 게 아무것도 없다는 것을 깨닫는다.

사랑이 공복에 시달릴 때면 나는 나의 마음을 뜯어 먹곤 했다. 그래서 당신이 떠났을까. 그저 흘러가면 그만일 누군가를 위해 희생을 무릅쓰면 안 되는 거였다. 당신을 사랑했던 나의 시절은 너무나도 타인의 시절. 당신의 바깥에 존재하다가 기어코 내 삶에서도 바깥에서 존재했네.

내가 잊을 것은 네가 아니었다.
널 사랑했던 나를 잊는 일이었다.

주어 잃은 고백

♪

 나의 내일엔 네가 없겠지만, 그럼에도 너는 내일도 내게 오고야 말겠지. 내 일상을 조금씩 어질러놓고선 결국은 아무것도 잊지 못하게끔 나를 가둬두겠지. 그렇게 너는 그때처럼 나의 전부가 되어 가득 채워지느라 잊는 방법도 모른 채 나는 밤새 글썽이며 너를 삼켜내고 주어를 잃은 고백들이 마음속을 뒹굴거리겠지.

서정시

♪

 자연스레 그 사람 다리 위에 포갠 나의 두 다리. 진득히 맞닿은 어깨. 삐뚤빼뚤한 글씨로 세세하게 표현하려 노력한 손편지 한 장. 회색빛깔의 장대비. 하늘이 좋은 날엔 초록을 보러 가자며 이끌던 손. 밤 10시의 바다. 잔잔히 틀어둔 다린의 노래. 피곤한 와중에도 티 내지 않으려 몰래 하던 하품. 무기력한 월요일도 웃음 짓게 만들던 그의 반짝이던 눈동자 같은 것들. 사랑하던 것들이 너무 무수해서 여전히 보고 싶다 떼쓰고 싶은 마음이다. 어느새 서로를 너무도 잘 아는 남이 되어 손끝에 맺힌 말들로 내가 할 수 있는 거라곤 이런 글을 쓰는 일 말곤 없어서 마음만큼 작아진 연필을 쥐고 종이 위에 흑심을 긁는다. 나는 말과 말 사이에 있는 그 사람의 언어를 쓰다듬는다. 우리는 서로에게 머물렀을 때가 가장 아름다웠으니 글 속에 우리는 그때처럼 사랑만 한다.

우리의 마지막 서정시였다.

그렇게 우린 서로를 너무도 잘 아는 남이 되었다.

어렵게 꺼낸 문장

☾

 한때 우린 너무도 쉽게 보고 싶단 말을 남발하고, 사랑에 멀어서 보이고 싶지 않았던 것들을 숨겨놓고, 아무런 조건 없이 잘도 사랑을 외치곤 했지요. 서로가 서로의 낭만이 되어 재고 따질 것 없이 오직 사랑만으로 살았던 시절, 어설픈 상처에 마음을 덕지덕지 붙여두고 이 정도면 괜찮다 생각했지요.

 비록 당신에게서 관계에 대한 첫 쓸쓸함을 배웠지만, 그로 인해 까진 상처를 쓰다듬는 일도, 그 상처가 자꾸 아무는 것처럼 애틋해져 가는 일도 경험했어요. 몇 번의 연애가 지나가고 생채기로 범벅된 마음으로 밤을 보낼 때면 자연스레 그때의 우리가 떠오릅니다. 보고 싶어요. 이 말은 그때만큼 쉽지도 않고, 너무도 어렵게 꺼낸 문장이 됐습니다. 잘 지내나요. 나는 우리가 너무 보고 싶습니다.

나는 우리가 너무 보고 싶습니다
잘 지내나요
보고 싶어요.

이따금

    꺼내 보는 위로

♪

  하루를 털어둘 유일한 공간이었던 그가 생각났다. 고개를 끄덕여주고 어깨를 감싸고 내 눈을 바라봐주기만 했대도 충분했었다. 나는 꽤 오래 괜찮다고 말해주는 그의 눈빛이 잘 지워지지 않았다.

  그때의 나는 마음이 위태로울 때마다 그가 손을 잡아주면 안정되다가도 놓아지면 다시 위태로이 기울여졌다. 살아가면서 사람들에게 따뜻한 위로와 공감을 종종 받으며 살아왔건만 그의 위로는 아주 뻔했음에도 쉽게 눈물겹고 내게 유일했다.

창을 두드리던 빗줄기도, 가장 좋아하던 음악을 서로에게 들려주던 일도, 습관처럼 그의 미래에 나를 끼워 넣던 일도, 나의 말에 한 번씩 되물어주던 다정함도, 서로가 있어야 잘 지낼 수 있다며 헤어짐을 유예하던 우리의 여름날도 떠올리다 보면 기분이 조금 나았다. 어쩌면 나는 그를 잊고 싶지 않아 귀퉁이를 접어두고 한숨에 걸터앉은 밤마다 꺼내 보는 거일 수도 있겠다. 사실은 위로를 핑계로 오래도록 기억하고 싶었던 거였다.

깊은 바다

 달력이 몇 장도 채 남지 않았던 계절에 당신을 두고 이 달력이 끝자락에 닿을 때쯤은 당신을 버려보겠다고 말했었는데. 다시 새로운 달력이 걸렸는데도 나는 종종 제자리로 돌아왔다. 떠났다는 건 외로이 남아 기억을 지울 준비를 해야 하는 거였는데. 준비를 준비하는 것조차 이리 오랜 시간이 걸리는 일이 될 줄은 몰랐다.

 내내 마음은 아주 작은 웅덩이가 되었다가 깊이를 가늠할 수 없는 바다가 되기도 했다. 나는 네 삶에 그저 부서지면 사라질 파도가 아니라 깊이가 가늠되지 않는 강물처럼 오랫동안 함께 흘러가고 싶을 뿐이었는데. 얕은 것은 깊은 속내를 꺼내 들기 위한 비웃음 같은 거였을까. 깊게 허우적대는 이 기억의 문턱을 넘어가야만 어딜 가도 너를 그리워하지 않을 날이 오려나.

내가 너를 그리워하지 않을 날이 오려나

Chapter 3

끝내 잎을 틔우고,
나의 계절이 오면.

자존감과 나에 관하여

Chapter 3

끝내 잎을 틔우고,
나의 계절이 오면.

자존감과 나에 관하여

씨앗

하루가 짧게 느껴지는 날이면 문득 두려워질 때가 있다. 분명 그 속에 지루함도 분주함도 있지만 늘 단순하게 흘러가다 저무는 밤이 반복될수록 나의 젊음이 확실하게 매듭지어진 것 없이 이리도 애매모호한 형태로 그저 흘러가기만 하는 건 아닌지 의심되기도 한다.

내가 하는 일은 나의 속을 훤히 파내어 종이에 덕지덕지 붙이는 일이라 아주 섬세함을 요구하는 일인데, 그 속에서도 난 왜 이리 숨겨둘 것이 많은지 모르겠다. 갈수록 솔직해지는 것은 어려워지고 시간을 쓰면 쓸수록 자신감은 줄어드는데 잘하고 싶은 마음은 자꾸 자란다. 짧아져 가는 밤의 길이가 마음을 더욱 조급하게 만든다. 서둘러 아직 무엇으로 성장할지 모를 씨앗을 끄적인다. 한낱 어린 날의 사춘기처럼 실컷 소란스러워지다 보면 뿌린 씨앗은 끝내 잎을 틔울 거라 믿어야지. 그것만큼 아름다울 게 없을 거라고 믿어야지.

어쩌면 괜찮은 사람

살면서 누군가에게 나를 설명해야 하는 순간이 올 때가 있는데 그때마다 나를 말하는 것이 서툴고 어려워 쉬이 입이 떨어지지 않는 경험을 한다. 나에 대해 좋은 점을 말하라고들 하는데 입술이 삐죽 나오고 미간이 찌푸려질 뿐, 딱히 정의할 수 있는 게 없었다.

어쩌다 누군가로부터 나에 대한 얘기를 들을 때가 있다. 누군가가 말하는 '나'와 내가 생각하던 '나'는 확연히 달랐다. 내가 생각하는 나는 소심하고, 걱정도 많은 편이고,

정도 많은 편이라 자주 상처받고, 남들이 모를 우울이 많은 사람이었다. 무엇보다 타인에게 들은 '나'는 내가 생각하는 '나'보다 훨씬 좋은 사람이었다. 줄지어 단점만을 말한 내 입이 민망할 지경이었고 타인에게 들은 칭찬에 멋쩍은 대답과 함께 속으론 내게 멋쩍은 사과를 건넸다.

나는 '좋은 점'의 가운데에서 늘 '모자람'을 찾아 헤맸었고, 긍정보다는 부정에 너무 예민한 사람이었다. 그래서인지 자연스레 미워하는 일도 익숙했다. 어쩌다 나와 같은 색인 사람을 마주하면 이상하리만큼 불편함이 도사리기도 했다. 내가 왜 겁이 많은 사람인지, 왜 나는 장점보다 단점을 더 나열하기 쉬워하는지, 왜 점차 나를 설명하는 일이 두렵고 어려워지는지 알 것 같았다.

늘 나의 단점을 찾아 극복할 방법만 모색하느라 할애했던 시간을 나의 좋음을 찾고 스스로를 더 사랑할 수 있었다면 나를 말하는 일도 그리 어려운 일이 아니었을 것이다. 부정은 또 다른 부정을 낳듯이 긍정은 또 다른 긍정을 일으킨다.

어떠한 이유를 찾아야지만 나를 사랑하지 말고, 그저 아무 이유 없이도 자신을 사랑하는 것부터 시작해야 한다. 스스로에게 족쇄를 채우며 미움받아 불안한 밤이 아닌 사랑 받아 마땅한 밤을 지낼 수 있게 이유 없이도 자신을 사랑하는 일에 익숙해져야 한다. 오늘의 내가 행복하지 않을 이유는 없듯 나는 어쩌면 내가 생각한 것보다 훨씬 괜찮은 사람일지도 모른다.

한 달 살기

♪

 스무 살이 넘어서 그 흔한 제주도도 가본 적 없이 여행을 줄곧 잊고 살아왔다. 여유를 부릴 생각을 해본 적도 없고 다들 한 번씩 훌쩍 떠날 때도 부러워만 하면서 늘 비슷한 곳에서만 머무는 사람이었다. 그렇게 스물일곱이 됐다.

 내가 어제와 비슷한 오늘을 살아가는 이 순간에도 사람들은 자꾸만 새로워질 준비를 했다. 안정적인 것을 좋아하는 나는 늘 집이 주는 안정감에 안도했고, 넓은 세상보다 폭이 좁은 나만의 세상에서 살아가는 아웃사이더였다. 하지만 점차 내가 상상만 했던 일들을 척척 해내는 사람들을 보면서 내 삶은 도대체 어떻게 흘러가고 있는가를 의심했고, 결국 가만히 있으면 어디에도 도달하지 못한다는 사실에 용기를 내야겠단 마음을 먹었다.

  스물일곱이 되는 첫날엔 기분이 되게 묘했다. 이상하리만큼 자신감이 넘쳤고, 그간 두렵다고만 생각했던 새로운 것들을 해야겠다는 생각이 번뜩 들었다. 1월에 다니던 회사를 퇴사 하게 되면서 바로 강원도 한 달 살기 숙소를 계약하고 떠나오기까지 걸린 시간은 단 일주일밖에 걸리지 않았다.

  몸만한 캐리어를 끌고서 낯선 길을 따라 도착한 숙소. 한 달 동안 지낼 숙소엔 커튼만 걷으면 바로 바다가 보였고, 도보로 1분 정도면 바로 해변이 있었고, 그 해변으로 가는 길엔 동해를 지나는 기찻길이 보였다. 오로지 글과 바다만 있으면 좋겠다는 생각으로 고른 조용한 동네였다.

  카메라 하나를 가지고 집 앞에 있는 바다만 다녔다. 이곳에서는 많은 곳을 보러 다니는 것보다 좋아하는 바다에 앉아 오래오래 바다만 바라봤다. 스스로가 일어나고 싶을 때까지 아무도 나를 재촉하지 않았으니 일어나고 싶을 때 일어날 수 있는 것이 좋았다.

이곳에선 글을 작업하는 시간을 제외하고도 혼자 생각할 시간이 많았다. 고요한 시간 안에 머물다 보면 문득문득 떠오르는 사소한 기억들이 나를 되돌아보게 하기엔 충분했다. 나는 왜 그렇게 오래 움츠려있었을까. 더 삶을 즐길 시간이 많았을 텐데 왜 늘 지레 겁먹고 뒤돌았을까. 어느 누구도 나의 의미를 찾기 위한 여행을 대신해줄 수 없었다. 목적지가 없이 무작정 가더라도 직접 발이 땅에 닿고 운전대를 잡아야 모르는 길도 나아갈 수 있는 것이다.

아는 사람 하나 없는 이곳에서의 나의 여행은 스스로 낼 수 있는 답을 찾아 생각하고 비우고 지우기를 반복했고, 시간은 생각보다 더 빠르게 지나 끝에는 진한 아쉬움을 남겼다.

그리고 이 여행의 끝에 나는 답을 찾았다. 계속해서 묵묵히 글을 쓰기로 한 것이다. 늘 문장을 짓는 일은 머리를 들쑤시는 일이지만, 그럼에도 사랑하는 일을 하고 있다는 것은 그와 동시에 너무 감사한 일이기도 하니까. 삶의 진정한 이유를 찾기 위해서 끊임없이 변화해야 하는 것이 때론 두렵기도 할 테지만, 내 자신이 할 수 없다는 생각보다 일단 부딪혀보기라도 하자는 마음이 커졌다.

상상만 하던 마음에 조금씩 발걸음이라도 옮기고 있다는 것. 단순히 나아간다는 것에 초점을 맞추는 게 아닌 그 속에서도 더 많은 감정과 더 섬세한 경험을 해보기 위함이라는 것을. 저마다의 문장을 짚어 어렴풋이 빛을 내고 있는 나의 가치를 발견해내는 멋진 삶을 살아가고 싶어졌다는 것을.

건강한

    하루

♪

 시간이 갈수록 건강한 만남과 건강한 하루를 보내고 싶다는 생각을 많이 한다. 부치지 못한 편지들이 쌓였던 스물넷과 스물여섯의 나날을 지나면서 깨달았다. 나를 불행하게 만드는 만남과 마음들에 대하여. 머무는 것보다 떠나는 것이 더 힘겹던 시절엔 위로는 먹어도 먹어도 때가 되면 고파지는 끼니 같았다. 그 위로를 얻어먹기 위해서 누군가를 떠나지 못하기도 했고, 이따금 나를 불행하게 만드는 것들은 누군가로부터 나를 찾으려 들 때가 그랬다.

 나를 이해하고 인정할수록 자존감은 자랐다. 어떤 방식

으로든 나를 마주할 의지가 있어야 했고, 애써 외면했던 감정도 직면하고 단호히 굴 줄 알아야 했다. 내가 어떤 마음으로 상대를 대하고, 어떻게 해야 누군가에게 의지하지 않고 살아갈 수 있는지에 대해 거듭 고민했다. 생각은 그치지 못할수록 걱정이 배가 되어 돌아오는 것이었다.

나를 불안하게 하는 요소들이 짙어지면 무작정 산책을 했다. 명상을 한다거나 음악을 듣거나 글을 쓰는 등 감정을 호흡하고 비워낼 수 있는 것들을 찾기 시작했다. 그렇게 비우는 게 익숙해질 때가 오니 너무 복잡했던 감정들이 크게 부정과 긍정, 이 단순한 두 갈래로 나뉘었다.

너무 복잡한 지점에서 벗어나 다시 생각하면 조금은 단순해진다. 우울한 것도 잘 보듬고 안아주면 너무 어렵지 않게 마무리 지을 수 있는 감정이었다. 그간 부정적인 걱정들을 줄지어 했으니 더 쉽게 불행해졌던 거였다.

나를 불행하게 하는 것에 시선을 두지 않는 담대함과 좋아하는 것을 근방에 두는 일. 이 두 방법으로 삶을 조금 더 단순히 만들었다. 좋은 것을 꾸준히 생각하다 보면 웃을 일을 쉽게 찾을 수 있고, 걱정되는 일만 붙잡고 늘어지면 쉽게 나를 낮추게 되는 법이다. 부지런히 일기 속에 그날그날의 자기다움을 새겨둔다. 조금 더 건강한 삶을 살기 위해선 건강한 하루를 먼저 만들어야 했다. 자신의 삶이 건강해야 모든 관계도 건강하게 이어질 수 있는 거였으니.

질긴 미련을 두지 않고, 잠깐의 슬픔에 오래 있지 말고, 마음의 중심을 찾을 것. 소중한 무언가를 거듭 생각하고 되새기는 것. 그 소중한 것들 중 가장 소중한 것은 나라는 사실을 잊지 말 것.

질긴 미련을 두지 않고,
잠깐의 슬픔에 오래 있지 말고,
마음의 중심을 찾을 것.
소중한 것들 중
가장 소중한 것은
나라는 사실을 잊지 말 것.

삶 곳곳에 다정함이 숨쉬기를

♪

 문득 잘 살아 보고 싶다는 생각을 했다. 오늘의 기억이 내일 잠드는 내게 걱정 없이 잘 자라며 포근히 이불을 덮어줄 수 있기를. 외로운 감정은 잘 표현되지 않으며 감정에 동요하는 날이면 머릿속에 스위치를 툭 꺼버려서 잠시 비워낼 수 있는 삶이기를. 더없이 좋은 순간들을 이따금 기록할 수 있기를. 너무 촘촘하지도 않고 비어있는 것 그대로도 꽤 괜찮은 삶의 곳곳에서 다정함이 숨쉬기를.

각자의 계절

각자의 계절이 있어. 지금은 봄이 되기 위해서 굳이 지나야 하는 겨울일 뿐이라고 생각하자. 남들이 피어나는 계절이 아닌 나의 계절에 피어나야 가장 아름다운 법이니 나만의 속도로 내가 살아가는 방식을 사랑하자. 우리, 다가올 나의 계절엔 저물지 않는 여름처럼 한껏 피어나서 쬐는 햇볕에 마음을 누이고 나른한 계절을 맞이하자.

불
완
전
한
나

 더 나은 사람이 되기 위해 나를 다그칠 때가 많았다. 어제보다 덜한 하루를 보냈다거나, 포기를 접한 날이면 쉽게 자책하고 실망하기도 했다. 유독 나는 나에게 엄격했다. 다짐한 것들이 자꾸만 힘없이 무너질 때, 남들보다 내가 부족한 면을 직면할수록 절망에 가까운 밤을 보내기도 했다. 늘 비교를 일삼았기 때문에 그럴수록 자존감을 자신의 기준보다는 타인의 기준으로 오르락내리락할 때가 많았다. 타인을 기준으로 나를 규정해버리면 나는 끝없이 낮아졌다.

이러나저러나 나는 불완전한 존재이고, 무엇보다 내가 사는 세상은 내가 아무리 악을 쓰고 어제보다 더 나은 오늘을 살았더라도 결국은 내 앞엔 더 나은 사람이 있기 마련이었다. 이제는 나를 인정하고 이해하고 끝없는 격려와 칭찬으로 나를 감싸는 것이 더 꾸준히 나를 걷게 한다.

 자신감의 원천은 누군가의 말로부터 생길 게 아니라 나 스스로에 대한 기준으로 만들어지는 것이었다. 그것을 찾기 위해서 방황하는 시간은 나의 삶에 꼭 필요한 것이고, 불완전한 하루에도 저마다의 가치를 품고 살아간다는 것. 내 안에 있는 수많은 나를 알고, 뭐든지 의미와 가치를 찾아 방황하는 일은 곧 내가 성장하는 일이 된다.

꿈

☯

 하고자 하는 것들을 곧잘 이루면서 살아온 삶은 아니었다. 어릴 때부터 늘 예술 계열의 공부를 했었기에 늘 불확실한 줄을 붙잡고 사는 기분이었다. 어떠한 규율을 따르는 일이 아니었기에 홀로 책임지는 것들이 대부분이었다. 프리랜서 작가 일을 시작하면서 내가 할 수 있는 것들은 누군가와 협업을 하거나 의뢰를 받아 작업물을 제작하거나 책을 쓰는 일이었다. 가끔은 누군가의 안정적인 하루를 부러워할 때도 있었다. 착실히 하루하루를 살아가며 그곳에서 많은 경험을 쌓아가고 주말이 있는 사람들 말이다. 불확실한 하루하루를 사는 일은 주말이 없을뿐더러 집에서 작업할 때가 많아 누군가에겐 늘 여유 있고 쉬운 삶을 살아가는 것처럼 비춰지기도 했다,

지금 내가 하고 있는 것들이 과연 내게 옳은 길일까. 이 불완전에 끝은 어디에 있고, 결국 어떤 의미를 지닐까, 어쩌면 시간을 버리며 나의 욕심만을 채우고 있는 게 아닐까 스스로에게 끊임없이 의심하고 내가 가는 길에 수많은 물음표를 던져야 했다. 헛된 시간이 아니길 바라려면 내가 가는 이 발걸음이 곧 정답이어야만 하고 나에 대한 굳은 신념을 가져야 했다.

'그래도 너는 좋겠다.
네가 하고 싶은 일을 하고 있잖아.
그것만으로도 정말 멋있는 거야.'

종종 지인에게서 이런 말을 들었다. 하염없이 나 자신의 불완전을 의심하는 이 불안 속에서도 꾸준히 걸으려는 이유는 남들보다 조금 다른 길을 걷고 조금 더 혼자일지라도 스스로를 꾸준히 묻고 사랑할만한 무언가를 찾고 소중한 사람과의 순간을 비유할 수 있고, 뚜렷한 문장으로 만들어내는 이 일이 어떤 확실함보다 불완전한 낭만을 사랑하기 때문이다.

그렇기에 이 일을 더 사랑할 수 있으려면 묵묵히 저마다의 가치를 발견하고 또 그 장면을 차곡차곡 쌓아 하나의 책으로 만들어야 한다. 그 책의 페이지마다 작은 낭만을 갈피로 끼우고서 두고두고 읽히는 사람이 되어야 한다.

나약한 젊음

♪

 기지개를 켜며 시작되던 아침부터 무거운 몸을 이끌고 집을 향해 걷던 밤이 되기까지 종일 쏟아진 채도 낮은 감정들을 온몸에 묻히고 집에 돌아올 때면 어떤 감정표현도 느껴지지 않는 초점 없는 얼굴을 하고 현관 거울 앞에 서 있는 나를 마주한다.

 신발을 벗다가 정리되지 않은 자취방을 둘러본다. 가장 편해야 할 이곳에서도 나는 자주 혼자인 곳으로 도망치고 싶단 생각을 했다. 삶에 좋을 것 같은 건 많지만 막상 좋은 건 전혀 없는 삶이었다. 슬픔이 몰려오는 까닭이 무엇인지 이불을 뒤집어쓰고 깊이 고민해도 떠오르지 않아 막막했다. 분명 자꾸만 잃어가는데 잃어버린 것을 정확히 무엇이라 정의할 수 없었다.

도대체 무슨 결핍을 갉아먹으며 살아가길래 마음 한구석이 텅 비어버렸나. 불이 다 꺼진 고요함 속에서 죽은 듯이 고립됐고, 불안은 시간을 좀먹을수록 몸집을 부풀렸다. 감추는 것에 익숙한 사람에게 웃는 표정을 짓는 일은 쉬운 일이었다. 그래서 요즘은 밤에 시들고 낮이면 피어나는 일상을 지낸다. 어느덧 내가 시든 사람인지 피어난 사람인지도 모르는 채로 덩그러니 놓여 한가로이 흘러가 버리는 나약한 젊음을 앓았다.

나의 청춘기

　기대가 없는 삶을 살아가고 있는 사람에겐 위로의 음절이 가득한 노래도 2절이 나오면 곧 지겹다 여겨지기도 하고, 마치 삶의 결말까지 예상한 견적서를 뽑아 들고 현실에 수긍하는 게 답이라는 듯 변명으로 살아가기도 한다.

　이미 가능성마저 계산해버리곤 한정적인 예시로 정리되어 뜻밖의 다른 길은 마주할 수도 없게 무조건 제한적인 길로만 가는 삶을 택하는 것.

　단언컨대 삶은 나를 한정해버리는 순간부터 쉽게 따분해진다. 무기력이 내 글의 주제가 되고, 희망과 꿈을 주제

삼아 말하기엔 이미 많은 현실적인 근거들이 제한을 걸어두며 내뱉어도 소용없을 거라고 또 습관처럼 단정 지었던 거다. 부정은 또 다른 부정을 부르고 꼬리에 꼬리를 물어 늘어진다. 지나간 시간은 다 찬란하고 빛났다며 각색된 과거만이 나의 술잔을 채우는 게 무슨 의미가 있을까.

삶은 여전히 많은 시간을 남겨두었는데 이미 늙어버린 마음으로 살아가는 사람에게 무슨 말을 더 할 수 있었을까. 결국 그 자리를 벗어나지 못하는 삶을 살았기에 늘 제자리였던 것이다.

결국은 마음에도 빛이 들어올 작은 창 하나쯤은 품고 살아야 내일도 기대할 게 생기는 것이다. 웅크리고 눈을 가려버리면 그 어둠 속에선 어찌해도 밝은 빛을 볼 수 없으니. 결국은 조금 더 나아갈 수 있을 거라는 믿음 하나가 성장하게 만든다.

불안의 중심에서도 꼿꼿이 서 있을 수 있다는 것은 어디까지나 자신에 대한 확실한 믿음을 주는 말과 행동이다.

자주 먹히든 말이더라도 내 안에서 길러진 그 작은 긍정이 결국은 나의 내일을 만든다. 비록 한 뼘의 작은 공간일지라도 나를 위한 것으로 꾸며두자. 그 좁은 영역만으로도 이 땅을 딛는 힘을 기를 수가 있을 테니.

이토록 제한된 것이 많은 삶에서 사랑할 만한 무언가를 찾아내는 것이야말로 우리는 희망을 품고 살아간다는 방증이 되는 셈이다. 수많은 설움에 한숨 짙은 낮과 밤이 이 젊음으로부터 나를 종종 살게 하기도 하고, 스스로 했던 노력을 외면하지 않고 자부심을 가져야만 조금 더 나아갈 의지도 생긴다.

외로운 밤을 뒤적거려 쓸쓸함을 쓰다듬던 베갯잇을, 작은 조명에 의지해 지새우던 새벽을, 이루지 못했다며 자책했던 그 하루 끝을. 오늘이 오기까지 남들은 모르는 눈물겹던 그 밤들을 적어도 스스로는 알 테니.

여전히 서툰 게 많고 미비한 우리는 무엇이든 될 수 있고, 다시 일어설 수도 있으며, 충분히 흔들릴 수도 있고,

충분히 울 수도 있다. 확실한 게 아직 없다면 조금 더 돌아다닐 수도 있는 거다. 그래도 묵묵히 어딘가로 흘러가고 있는 이 젊음을 어디 하나 부끄러울 것 없는 마음으로 잘 살아가기를.

조금 덜 어린아이

열아홉이 끝나가던 그해 겨울에 나는 어색한 발걸음으로 부동산을 돌아다녔다. 그때 당시 어른이 없이 집을 구해야 했기에 내가 잘 알지 못하면 눈 뜨고 코 베일 거라며 혹시나 싶어 가기 전에 나름대로 집에 대한 공부도 열심히 하고 갔었다.

정말 많은 방을 보러 다녔다. 원룸부터 시작해서 투룸 빌라, 오피스텔까지 거의 스무 채는 봤던 것 같다. 그렇게 열심히 알아보고 구한 첫 자취방은 도심의 복층 오피스텔이었다. 1층과 2층으로 분리된 공간은 원룸보다 조금 더

넓게 활용할 수 있을 것 같았고, 복층까지 뻗어있던 커다란 통유리창은 이 도심에서 무엇이라도 시작할 수 있을 것 같은 커다란 나의 포부 같기도 했다.

1층은 거실 겸 부엌 공간으로 활용했고, 복층 공간엔 거실이 내려다보이는 난간 쪽에 침대를 두고 복층 벽 쪽 비어있던 공간엔 피아노 한 대와 여러 악보를 두었다. 지금 생각해보면 서울에 널려 있던 평범하고 관리비만 비싼 오피스텔 중 하나일 뿐이었지만, 그때의 내 눈엔 한참 채워야 할 것들이 많았음에도 한없이 특별하고 반짝반짝 빛나던 꿈 같은 곳이었다.

그곳에서 지내던 스무 살은 씩씩하게 상경했던 그 날의 마음만큼 순탄치는 않았다. 쉽게 들뜨게 만들었던 여러 다짐은 다가온 현실에 나름의 합리를 찾아 순응했고, 모든 게 처음이었기에 스스로 부딪히며 익혀야 할 무수한 것들을 마주했다. 호기롭게 시작했던 자취의 현실은 매달 나가는 월세와 관리비와 생활비를 감당하는 것만으로도 벅찼고, 혼자였기에 감당할 것들이 때를 지나자 더 두렵게 다가왔으며 부모님의 그늘 아래서 내가 얼마나 편한 마음으로 지냈는지를 그때야 알 수 있었다.

이제는 어엿한 어른이라고 떠들던 그 순간도 새파랗게 어린 한낱 아이였다. 그로부터 7년이 지난 지금도 나는 여전히 그때 그 아이처럼 작은 것에도 행복해하고, 누군가의 걱정을 받고, 사소한 일각의 한 조각의 고민을 안고도 고통스러운 밤을 보낼 때가 있다. 아직도 모르는 게 많아 성장통을 겪는 지금도 그때의 스무 살 마음처럼 아이가 될 때도 있다.

그저 어리지 않다고 조금씩 인정할 때마다 내가 어른이 되어가는 게 아니라 그냥 조금 덜 어린 스물일곱 아이가 되는 것 같다.

착한 사람

착한 사람이 되고 싶었던 적은 크리스마스 선물을 받고 싶었던 어린 시절을 제외하고선 없었던 것 같다. 그저 누군가에게 불편한 사람이 되고 싶지 않았던 거고, 삶이 어두운 길목을 혼자 걷는 게 싫었고, 조금 더 밝은 길에서 가벼운 걸음으로 걷고 싶을 뿐이었다.

매 순간이 선택의 연속이고 타인과 감정의 팽팽함을 겨룬다. 어느새 나는 점차 나의 감정을 배제하고 상대의 입장에서 이해하려 애쓰고 있었다. 차라리 그편이 마음 편하다고 생각했던 것 같다. 누군가를 배려하느라 정당한 마음을 표현하지 못한 순간이 올 때마다 들었던 '착하다'는 말은 내가 더 나를 표현하지 못하게 억압했다. 그만큼 속에 내비치지 못한 말들이 가라앉아 점차 두꺼운 벽을 쌓아가고 있는 것이다.

내 성격이 착해서 받아줬다기보다 다툼이 싫으니 일방적으로 내 감정을 무시했던 거고, 아무것도 몰라서 웃었던 게 아니라 관계가 틀어지는 게 복잡해서 모른 척 웃어넘긴 거였다. 어느새 나는 지나치게 고분고분한 사람이 되어 있었고, 내 감정을 무시했던 결과는 저만치 나를 무력하게 만들고 있었다. 무의식의 저편에서 늘 응어리져 있던 마음을 외면하는 게 더 수월했다고 하지만, 실은 그저 겁이 많은 사람이었던 거다. '이러는 게 마음 편해.'하며 합리화하기엔 지나친 배려의 대가는 관계의 칼날이 나를 향할 때가 더 많았다.

나는 우리가 힘들다는 말과 불편하다는 말을 할 수 있는 직면하는 삶을 살아가기를 바란다. 과도한 예민함과 배려에 묻히지 않고 그 속에서도 나를 가장 우위에 두고서 표현하는 삶에 익숙해지기를. 너무 많은 생각보다 나의 안위를 먼저 살피고 나 스스로에게 물음표를 던지기를. 나에게 가장 다정한 사람이 나였으면 좋겠다.

*힘들다는 말과 불편하다는 말을 할 수 있는 삶을 살아가기를
그렇게 나에게 가장 다정한 사람으로 살아가기를*

서로를 위로하는

3년 전, 우울증으로 깊은 시절을 살고 있었을 때 썼던 글을 다시 읽어보면 그때의 슬픈 나의 내면이 엿보인다. 그 당시 내게는 다행히도 그것을 글로 풀어낼 수 있는 공간이 있었고 그곳에서의 사람들이 내 글을 읽어주었기에 나 또한 치유를 받을 수 있었다. 어쩌면 쓰는 사람과 읽어주는 사람은 서로가 서로에게 위로받는 관계일지도 모르겠다.

종이 위에
　　머무는 시간

♪

　'안녕하세요. 작가님. 어제 서점에 가서 작가님의 책을 샀습니다. 일 년이 넘게 저는 제 우울이 전파되는 게 두려워 저 자신을 방안에 계속 가둬 두었는데, 그 속에서 작가님의 글이 종종 함께해주셨기에 조금이나마 버티기 쉬웠습니다. 방금까지 또 어지러운 마음에 작가님 책을 읽다가 〈누군가에게 읽힐 수 있어 다행이다 싶은 밤, 나는 누군가의 시간을 사는 일을 하고 있다〉 라는 구절을 읽고 이 편지를 쓰기 시작했습니다. 혹시라도 아주 만약에 작가님의 글을 쓰는 삶에 물질적이든 정신적이든 조금의 의구심이라

도 드는 밤이 생긴다면, 이렇게 절대적인 지지를 보내는 누군가가 있다는 걸 아셨으면 좋겠어요.'

원고 마감을 앞둔 2주 전, 어느 한 독자님에게 받은 편지의 일부분이었다. 원고 마감이라는 압박은 수정을 거듭하고 글이 정리될수록 완성되어 가는 글을 다시 천천히 읽다 보면 마치 글에 빠져 죽을 것 같은 요상한 글썽임이 생긴다. '내가 쓴 글이 누군가에게 닿았을 때 그 사람에게 의미가 생길까' 지속적으로 고민하고 서글퍼지기를 반복한다.

막막하게 느껴져서 술 한잔을 하고 잠들려 했던 시점에 이 편지를 봐서 그런가. 종종 위로가 됐던 순간들보다 나에게 조금 더 특별하게 다가왔던 건 '작가님의 글을 쓰는 삶에 물질적이든 정신적이든 조금의 의구심이라도 드는 밤이 생긴다면, 이렇게 절대적인 지지를 보내는 누군가가 있다는 걸 아셨으면 좋겠어요.'라는 구절에 불안한 마음을 잠시 기대고 싶었던 것 같다.

익명의 공간을 만들어 처음 글을 올리고부터 지금까지

글이 쌓일 때마다 나는 점차 나의 모든 것을 꺼내두어야 한다는 압박감이 들기도 했다. 솔직한 나의 마음이라는 필명을 짓고, '진심'이라는 이름으로 불리며 나의 이야기를 할 때마다 어색하고 나를 드러내는 일이 이토록 어려운 일이었다는 것을 늘 실감했다. 내 글을 읽어주는 사람이 많아질수록 그만큼의 부담과 책임이 같이 자랐고, 잘 해내고 싶은 마음이 커질수록 마음속 어떠한 불안도 같이 피어났다.

'절대적인 지지를 보내는 누군가가 있다는 걸 아셨으면 좋겠어요.'라는 문장을 반복적으로 읽다 괜히 콧잔등이 시큰해졌다. 전해주시는 글자 그 이상의 감정이 닿았던 것이다. 자주 떠오른 여러 상념을 외면해버리려 했던 건 무의식의 자기방어였을까. 말랑한 감정을 단단히 만들어보겠다고 꾹 눌렀던 것들이 그날의 침대 위로 쏟아져 나의 태도만 흐트러질 뿐이었다. 나를 알아주는 누군가를 만나면 또 이렇게 금새 물렁해져 버릴 거였는데. 끊임없이 나의 부족함을 마주하며 살고 있었기에 실은 누군가에게 간절히 듣고 싶었던 말이었는지도 모른다.

내가 밤새 뒤척이며 머물던 이 종이 위의 시간에 누군가가 또 한참 머물다 간다면 그것이 내가 글을 쓰는 이유쯤 되겠다.

이 종이 위의 시간에
누군가 머물다 간다면
그것이 내가 글을 쓰는 이유쯤 되겠다.

고독

주기적으로 외로움을 가져다주는 존재들이 있다. 보고 싶은데도 더는 볼 수 없는 존재를 면밀히 마주하는 밤이 오면 외로워서 울음이 나는 것보다 울다 보니 외로워지는 순간이 더 슬프게 느껴질 때도 있다. 홀로 버텨내야 할 것들이 비처럼 쏟아지면 혼자가 싫어 누군가를 찾아 더듬거리다 울음이 나기 전에 번번이 잠으로 도주하기도 했다. 틈만 나면 연약해지는 외로움으로 무엇을 더듬으며 살아야 할까. 사랑받는 사람은 외로울 틈이 없다는 그 말이 꼭 나를 온전히 사랑하지 못해 이런 짙은 밤을 보내는 것이 틀림없다고 말하는 것 같았다.

존재했었는데 떠나간 것들

어렵다가도 이해되고 고맙다가도 애증스럽고 보고 싶다가도 지겨워지고 흐릿하다가도 또렷해시고 가졌나가노 흩어져버리는 것들. 분명 존재했었는데 기어코 떠나간 것들이 입 밖으로 내뱉으면 부질없이 사라질 입김처럼 나를 초라하게 만들기 일쑤였다. 그때 나에겐 힘주어 손에 쥐어도 곧 사라질 것들이 삶에 널려 있었다.

오래 머무르지 않기

오긴 할까 싶었던 날들은 너무 기다림에 연연하지 않으면 어느새 와 있었고, 끝이 날까 막막했던 일들도 어떻게서든 끝이 난다. 남들 따라서 행복해져야 할 것 같은 강박. 그리고 불안을 벗어나려고 애석하게도 불안에 떠는 마음. 이것으로부터 지금 내가 할 수 있는 일은 너무 휘둘리지 않게 한 발자국 떨어져서 견딜 수 있을 만큼만 연연하기. 그리고 떠나야 할 땐 기꺼이 떠나기. 지금의 나를 불안에 옭아매게 하는 것들은 대개 시간이 조금만 흐르면 내 곁에 있지 않을 것이다.

열병

너무 많은 것을 알게 된 지금은 그때보다 더 많은 생각과 무모하지 못한 집이 우리의 긴극을 넓힌다. 그에 비해 마음을 분별하는 일은 이제 퍽 쉬워졌다. 시절은 아무것도 모를 때가 가장 빛났던 법이다. 던져진 마음에 되돌아가야 할 답이 자주 망설여졌다. 잠깐의 기대 같은 것들이 뒤늦은 열병을 초래하기도 했다.

연약한 밤

♪

　빠듯한 하루를 채우고 나의 일부가 소진되었다는 생각이 들 때쯤이면 밤이 온다. 아침이 온다는 사실보다 밤이 온다는 사실이 이상하게 위안이 될 때가 있다. 너무 빈틈없이 지나온 낮엔 마음을 여유롭게 둘 수도 없고, 차마 울 수도 없고 쏟아지는 잠을 채울 수도 없는 노릇이니 언제부턴가 밤은 기다리는 시간이 됐다. 맘껏 고갈된 몸과 마음을 채우고 맘껏 뒤척이며 누구보다 긴 계절을 보내고 있을 우리가 너무 연약한 밤을 보내지 않기를 바란다.

저마다의 슬픔

언젠가 내 상처를 딛고 종이에 쓰여진 문장들이 하나의 가사가 되어 음악이 되고 하나의 글이 되어 한 권의 책이 되었지. 쓸쓸한 애틋함 속에 저마다의 슬픔을 먹고 자랐지.

틈틈이

흘려보낼 줄 알아야지만, 흘러갈 수도 있다.
멈출 줄 알아야 쉬어갈 수도 있다.
쥐고 있는 것을 놓을 줄도 알아야
머무르지 않을 수 있다.
버려야지만 다시 살아갈 수도 있다.

저울질

근심 따위 없는 듯한 저 하늘은 새삼 따분하게 빛을 내나. 멍하게 하늘을 보다 보면 구름이 유난히 빠르게 흘러가는 듯한 기분이 드는데 그런 생각이 들었다. 다른 이들은 저리도 빠르게 흘러가고 있는데 나만 이렇게 멍한 건지. 내일로 미뤄버린 것들의 잔해들은 뒤늦게 나를 덮친다. 매번 마음만큼 흘러가지 않는 것들이 삶에는 여럿 널려 있었다. 자연스럽게 내 눈에 걸리는 사람들은 늘 나보다 빠른 사람들이었고, 이십 대 중반을 지나며 삶은 자주 조급해졌다.

젊음의 기준은 도대체 누가 만들어 놓은 걸까. 졸업하고 취업을 하고 승진을 하고 결혼을 하는 그 모든 상황들이 삶의 가닥을 바로 잡아야만 나이만큼 흘러가는 일이라고 말하는 것 같아 애꿎은 발만 동동 굴린다. 조급해진다는 것은 곧 불안을 무럭무럭 키우는 일이었다.

  내가 남들보다 너무 느리게 살아가는 걸까 봐. 나의 현실이 고작 이게 끝일까 봐 발걸음을 자꾸 서두른다. 누군가의 삶과 나의 삶이 저울질 되지 않길 바란다.

값
싼

행
복

　진흙 속을 걷듯이 느릿느릿한 걸음으로 저녁 일곱 시를 걷던 서울이었다. 홀로 떠나온 곳은 한참 올려다볼 건물들이 줄지어 있었고, 낯선 곳에선 느릿하게 걷던 나를 제외한 모든 것들이 분주했다. 약 이십 년을 줄곧 경상도에서 살았던 나는 고개를 들기도 힘겨운 서울의 추위에 잔뜩 몸이 움츠러들어 있었다. 패딩 주머니 속에 손을 푹 찔러 넣고, 고개는 푹 숙인 채 빽빽하게 채워진 이곳에서 누군가 뭐라 하지 않았는데도 곧잘 눈치를 보곤 했다.

몇 번의 경적소리가 들리고 고개를 드니 눈앞에 나와 비슷한 나이 또래의 무리가 내 앞으로 지나가고 있었다. 들뜬 걸음으로 술집이 즐비한 골목으로 걸어 들어가는 사람들. 다들 뭐가 그리 즐거울까. 외로운 맘을 뒤로한 채 시선을 거두곤 건너야 할 횡단보도에 서서 신호등이 초록 불이 되길 기다리던 내 눈에 하나둘씩 떨어지는 하얀색 무언가에 초점이 잡힌다.

 첫눈이었다. 눈을 자주 볼 수 없었던 곳에서 자란 사람에게 눈이란 어린 시절 나의 순수한 면을 끄집어내는 순간이라고 해도 과언이 아니다. 몇 분도 채 지나지 않았는데 하늘에 새하얀 눈이 가득히 내린다. 때마침 빨간불이 초록 불로 바뀌었고, 내 주위에 있던 사람들이 발을 떼고 건너편에 있던 사람들도 발을 떼는데 누구도 멈칫하지 않고 이 높은 빌딩들을 올려다보지 않았다. 그 와중에 나만 홀로 멈춰있었다. 이런 풍경이 익숙한 듯 휴대폰이나 앞만 보며 걷는 사람들 속에서 홀로 하늘을 향해 휴대폰을 든다. 신호등이 빨간불이었다가 다시 초록 불로 바뀌어도 나는 한참 동안 발을 떼지 않았다.

자주 가난한 마음을 짓던 흑백도시에서
처음 마주한 가장 값싼 행복이었다.

걱정 이불

꺼내둘 것이 많음에도 자주 입을 다물고, 아침이면 자꾸 발걸음을 재촉하듯 살아낼 수 있을 만큼만 살아내는 하루. 나의 문제는 늘 할 말은 많으면서 묻어버린 것들이 쌓이고 쌓여 오늘 밤 나의 이불로 덮인다는 것이다. 걱정이 길어지면 그 깊이에 끌려들어 가 얼마나 오랜 밤의 망망대해를 떠돌게 만드는가. 나는 너무 쉽게 밤에 표류한다.

그때가 좋은 거야

그때가 좋은 거야.

이와 같은 말을 듣던 십 대와 이십 대 초반. 그때는 그 말의 의미를 잘 몰랐기에 힘들다는 말에도 '그래도 그때가 좋은 거야'와 같은 답을 듣곤 했다. 그때는 그저 투정 어린 아이로만 치부되는 게 싫기만 했던 것 같다. 후에 잦은 한숨은 삶에 여러 두통을 유발했고, 어느덧 한 뼘짜리 마스크에 기대 울 때도 있었다. 그리고 어느새 그때가 좋은 거란 그 말을 어렴풋이 이해할 수 있을 것 같았다. 삶은 모르는 게 많을수록 더 아름답게 느껴지는 거였다. 너무 알게 된 것들은 나를 손쉽게 괴롭혔고, 눈물은 가엽기는커녕 볼품없어 보이기도 했다. 그 시절의 나는 늘 곁에 있어 줄 누군가를 필요로 했었다. 그리고 내가 버틸 수 있게 나의 그늘이 되어주던 존재가 그때는 있었구나, 새삼 알게 됐다.

세월은 혼자인 나를 익숙하게 만든다. 누군가를 더듬거리던 그때와 달리 혼자 웅크린 시간이 잦아진 지금, 견딜 수 있는 아픔의 크기도 세월 따라서 자라버렸다. 그때 누군가의 말은 애써 홀로 견뎌내지 않아도 된다는 말이었을까.

일기장

 감정적으로 견디기 힘들다거나 머리가 아픈 고민이 줄지어 피로해지는 순간엔 습관처럼 일기장을 펼친다. 자주 부정적이고 불안한 내가 하루 동안의 속앓이를 뱉어낼 수 있는 유일한 환기구였다. 그 일기장 속엔 하루의 뜻깊었던 순간보다는 거의 반성문에 가까운 자책의 유서 같은 말들이 빼곡히 채워졌다. 끊임없이 스스로에게 되묻는다. 지금 가장 솔직한 감정이 무엇인지, 지금 과연 괜찮은지, 스스로가 괜찮다고 합리화하고 있는 것은 아닌지, 정리하기 급급해서 묻어버린 마음이 너무 쌓여버린 건 아닌지.

 지나고 보면 한때 나를 사랑했던 사람의 위로가 아니고

서야 일기만큼 나를 달래준 것이 없었다. 정리되지 않은 생각을 두서없이 뱉다 보면 내 생각이 이리도 복잡했구나를 깨닫고 마지막을 적을 땐 무조건 이 생각을 정리할 시도를 한다. 비록 이 한 뼘의 작은 공간이지만, 이 좁은 영역 안에서도 나는 나를 가다듬고, 보살피고, 쌓인 먼지 같은 마음을 닦아낸다. 그리고 이 출처를 알 수 없이 오는 불안 속에서 일기를 쓰는 일은 매일 조금씩 무엇이라도 하고 있다는 사실만으로도 내게 작은 위안이 되어준다.

일기장 속에 적히는 순간 감정은 그곳에 고스란히 버려진다. 예전에 썼던 일기를 다시 보면 정말 괴로운 감정에 취해서 적었던 그 불안의 실타래들이 현재는 사라졌다는 것을 알 수 있다. 영원할 것 같던 감정도 결국은 끝난다는 것이다. 그렇기에 현재 이곳에 적힌 번뇌들도 결국은 흩어지고 말 것이란 막연한 희망을 남긴다.

일기를 마무리할 때마다 생각한다. 이렇게 감정을 이곳에 버리는 일도 그렇고, 내가 할 수 있는 일을 묵묵히 해야 한다는 것과 느리게나마 나아가고 있다는 믿음과 결국엔 모든 감정은 지나간다는 사실을. 비록 불완전하고, 오늘 적힌 일기장 속에서도 내일은 여전히 알 수 없다는 것.

그럼에도 일기를 쓰는 이유는
적어도 그 안에서 울먹거리기라도 해야
바깥에선 울지 않을 수 있기 때문이었다.

울음은 더 나아가기 위한 발돋움이다.

🌀

 오른쪽 눈두덩이에 알 수 없는 작은 혹 같은 게 생긴 지 오래였다. 안과를 가야 했음에도 아프지도 않고 간지럽지도 않았기에 별거 아니겠지 하고 넘겨버린 채 시간이 흘렀다. 원고 마감을 2주 앞두고 동그랗고 빨갛게 부어올라 악화되는 바람에 뒤늦게 안과를 찾았다.

 이렇게 악화되기 전에 왔다면 수술하지 않고 약물만으로도 치료를 할 수 있었다고 의사 선생님은 말씀하셨다. 급 악화된 이유는 불규칙한 생활습관과 수면 부족 그리고 과도한 스트레스가 겹쳐서 그런 것이라고 하셨다. 안과를 찾은 당일에 진단을 받고 눈꺼풀에 난 염증 부위를 절개하는 수술을 곧바로 감행했다.

"많이 아플까요?"
"네. 엄청 아플 테니까 딱 10초만 참으세요."

 의사 선생님의 말씀에 두 주먹을 꽉 쥐었다. 정말 10초 만에 끝나버려서 수술이라고 하기에도 애매했지만, 그 10초가 문제였다. 스무 살이 넘어서 했던 치료 중에 가장 아팠던 것 같다. 나이를 먹어서 그런가 너무 아프다는 티를 내기가 민망해 '아..'와 같은 탄식을 낸 게 다였지만, 거즈를 덮고 있는 내내 오른쪽 눈에서 자꾸 눈물이 흘렀다.

 수술을 끝낸 뒤, 아무도 없는 집에 오니 우리 집 고양이 인이만 나를 반겼다. 한쪽 눈을 붕대로 가린 나를 보고 다가와 손을 할짝거렸다. '인아. 이런 모습으로 와서 미안해.'라고 말하며 츄르를 하나 꺼내어 쪼그려 앉아 간식을 주고 있는데 잔뜩 부은 쌍꺼풀은 사라진 지 오래고 수술한 오른쪽 눈은 아예 떠지지도 않았다.

 원고 마감을 해야 하는데 이런 반쪽짜리 눈으로 지금 어떻게 노트북 앞에 앉아야 하지. 막막함과 동시에 수술

부위가 자꾸 따끔거리는 게 아파서 그 자리에서 엉엉 울었다.

실은 정말 아파서 울었다기보다 이 아픔을 틈타 다른 설움들까지 솟구쳤다. 근래 울어본 적이 없었는데 아프다는 핑계로 울고 싶었던 이유를 다 끄집어내는 것이다. 드러나지 않았던 내면에 있던 감정이 범람한 것일까.

츄르를 먹고 있던 인이가 먹다 말고 울고 있던 나를 가만히 바라봤다. 그래도 누군가가 내 우는 모습을 봐주고 있다는 게 이상하게도 안도감이 들어 인이를 끌어안았다. 1분 남짓 울고 나니 머쓱한 감정이 들었다. 이제 충분히 울었으니 엉덩이를 툭툭 털고 마음을 고쳐매고 다시 노트북 앞에 앉는다.

운다는 것은 연약해지는 일이 아니라 쌓인 감정을 비워내는 일이다. 울음은 잠시 멈춰서서 나아가기 위해 운동화 끈을 고쳐매는 행위. 곧 다시 나아가야 할 우리에게 꼭 필요한 발돋움이다.

운다는 것은 연약해지는 일이 아니라
다시 나아가야 할 우리에게 꼭 필요한 발돋움이다.

기대하지 않으면
아무것도 잃지 않는다

기대는 곧 욕심이 됐다. 모든 기대는 늘 실망으로 변질되기 십상이고 또 실망은 절망을 생성하기 쉬워진다. 결국 실망은 끝없는 번뇌를 얻게 만드는 화근이 된다. 최선을 다한 과정에 대한 보상을 바라는 일은 어쩌면 당연할 테지만, 기대하는 나의 모습을 마주하는 것도 하나의 괴로움이 되기도 한다. 그러니 애초에 욕심을 내려두는 연습이 필요하다. 뭐든 과한 것들은 절망에 쉽게 다가서게 발걸음에 속도를 붙이기 마련이니까. 욕심을 버리게 되면 자연스럽게 기대하지 않게 되고 그러므로 살아가면서 고통받던 많은 괴로움 또한 줄일 수 있다.

마음을 비운다는 게 아주 거창해 보일 수 있지만, 결국은 내 마음을 돌보는 일이다. 내려놓고 과정을 그저 즐길 줄 아는 이가 되는 것. 내가 지금 쥔 것에 대해 충분히 인정하는 일.

 기대하지 않으면 아무것도 잃지 않는다.

성
장
통

  마음에 어딘가 모를 허한 공간을 메우려 사람들을 만나던 때가 있었다. 영화도 보고, 카페도 가고, 정성스레 사진도 찍으며 마치 '나 이렇게 잘 지내고 있어요.'라는 마음을 전시하듯 SNS에 업로드도 해본다. 중요한 건, 이렇게 누군가와 꽉 채워 보낸 시간을 뒤로하고 집으로 돌아오는 길에 또 왠지 모를 공허함이 남는다는 것이다. 나는 왜 혼자일 때 곧잘 나부끼는 걸까. 불안일까. 외로움에 허덕이는 걸까. 갈증처럼 다가온 이 공허를 함께하는 시간으로 해소하려 했던 게 잘못인 걸까.

헤어져 본 사람이 이별에 대한 마음을 이해하는 것처럼. 내적 성숙은 경험에 비롯해 성장한다. 서러움과 외로움 그리고 이런 공허함. 모든 걸 잘 흘려보낼 줄 알아야 된다고 생각했던 게 더 나를 온전하지 못하게끔 강박을 새겨버린 것 같다.

계속 눈을 감고 싶었지만 투정 부리지 않고 일어나 그래도 꾸역꾸역 하루를 다 보냈을 때도, 올라오는 감정에 너무 호들갑 떨지 않고 마음 서랍에 차곡차곡 눌러버릴 때도, 그림을 그려보겠다고 사둔 유화물감이나 캔버스라든지 키워본 적도 없던 화분을 사두는 일도, 혼자인 시간을 못 견뎌서 누군가를 만나러 가는 일도 다 모두 괴로워서 그랬나 보다. 밀려오는 걱정들을 미뤄두고 다른 무언가로 가득 채우고 싶어서.

어쩌면 나는 감정을 외면하는 방법을 잘못 알고 있는 게 아닐까. 굳이 채워야지만 혼자서도 충분히 잘 지낸다고 믿는 것처럼 말이다. 마음이 고장 났을 땐 무언가로 자꾸 덧대거나 억지로 칠한다고 온전히 채워지는 게 아니라는 것을 이제는 알았으니 비어버린 시간을 채우려고 들지 말고 잠깐의 사색과 나 자신의 텅 빈 여백도 고스란히 인정하고 사랑해 보는 것. 오히려 여백을 마주하는 것이 더 온전해지는 일이었을지도 모르겠다.

몰래 우는 밤이 늘어날수록
여전히 성장통을 겪고 있는 것 같다.

이동식 반신 욕조

 내가 사는 집엔 욕조가 없이 샤워부스만 있었다. 어릴 땐 욕조에 물을 가득 채워놓고 그 안에 들어가 물놀이를 하는 것을 좋아했었던 것 같은데 이제는 몸을 물에 푹 담가본 적이 언제인지도 가물가물해졌고, 고민 끝에 이동식 반신 욕조 하나를 샀다.

 언젠가 나의 몸이 욕조의 반만 했을 때, 엄마를 따라 간 동네 목욕탕엔 넓은 냉탕이 하나 있었는데 겹겹이 쌓여 있던 작은 대야 두 개를 겹쳐서 튜브 공처럼 가지고 놀기도 했었다.

다 커버린 후에 다시 찾은 냉탕은 생각보다 작았고, 신나게 놀 수 있는 공간도 아니었을뿐더러 이제는 온탕에 들어간 후에 몸을 식히는 용도가 되거나 아예 들어가지 않는 곳이 됐다. 어릴 땐 너무 뜨거워서 들어가기 싫어하던 온탕을 이제는 더 좋아하게 된 것이다.

하루에 체감하기도 힘든 작은 고민들이 쌓이면 단단한 돌멩이가 되어 마음속에 굴려진다. 그때 따뜻한 물을 채워놓은 욕조 안에 종일 고된 몸을 누인다. 최대한 몸에 힘을 풀고 가만히 눈을 감고 잔잔히 넘실대는 따뜻한 물에서 노곤노곤해지는 느낌과 작은 여유를 느끼고 호흡을 가다듬으면 괜히 마음마저 다 풀어지는 기분이 들곤 했다.

언제부턴가 하루 끝에 욕조에 몸을 담그는 이 시간이 그만한 하루치 마음을 정산해보는 시간처럼 다가왔다. 비록 한 평의 작은 공간이지만, 이로 인해 감정이 머물러만 있지 않고 하루 끝에 마음을 호흡하며 하루 동안 불려 있던 슬픔을 밀어낸다.

하루 끝에 마음을 호흡하며
하루동안 불러 있던 슬픔을 밀어낸다.
다시금 내일을 잘 살아가기위해.

억겁의
밤을 지나

♪

　눈을 감으며 어김없이 수많은 내일을 생각한다. 내 삶이 어중이떠중이처럼 부유하고 있는 것은 아닐까, 그저 떠밀려서 살아가는 것만이 아닌 정말 나를 위한 것인지 수십 번의 안부를 묻지만, 늘 나의 답은 '모르겠다.'였다. 불안의 윤곽들을 쓰다듬으며 부지런히 자라날 것을 다짐한다. 어느새 나를 위로하는 일도, 누군가를 위하는 일도 어렵고, 책임이란 말이 너무 무겁고, 분명 있었는데 사라진 것들이 보고 싶다. 삶의 균형이 무너질 때마다 이게 나의 모든 것일까 봐 서툰 억겁의 밤을 앓는다. 그럼에도 아침을 맞이하면 일어나 이불을 개면서도 양치를 하면서도 밥을 먹으면서도 집을 나서면서도 나를 응원한다. 오늘도 잘 견디자고. 때론 허무해도 결코 부끄럼 없는 젊은 날을 보내고 환히 웃음 짓겠다는 다짐을 보낸다.

　많은 밤을 부유하는 나는 어쩌면 꼭 이루고픈 삶을 살겠다는 건 핑계일지도 몰라. 새까만 걱정으로 뒤덮인 밤도 어디로든 흐르고 있는 거겠지. 군데군데 흔적을 흘려둔 밤이 글이 되고 결국은 책 한 권이 되어줄 거야. 그러려면 부지런히 걱정하고, 성실히 사랑해야지. 상처 가득한 오늘이 잘 아물면 곧 예쁘게 자라나겠지.

나의 삶

♪

　무엇보다 나는 나의 삶을 살아야 하고 내 삶에서 나는 나밖에 없는 존재이므로 그 사실만으로도 이미 특별할 수밖에 없다. 꼬깃꼬깃한 마음을 펼치곤 구겨진 그대로의 나를 마주하는 일. 비어있는 여백을 완벽히 채우려 들기보다는 여백이 있는 자신 그대로도 받아들이고 사소한 것에도 다정할 줄 아는 일. 누구도 대신할 수 없는 존재를 사랑해야 하는 일. 그것이 나로 살아가는 일임을.

나의 계절

♪

 준비되지 않은 매일을 사는 사람아,
날카로운 바람이 살갗을 파고들어 그대의 삶을 뒤흔들고 아픈 겨울밤을 보내던 게 무색하게도 그대의 계절에도 햇살을 맞이할 차례가 온다. 무녀짐과 메마름의 그 사이에서 살아가는 요즘이더라도 마음 한 켠엔 그런 생각을 한다. 조금만 물을 주면 되살아나지 않을까. 그럼 충분히 따뜻한 봄이 오지 않을까. 바로 눈앞에 보이는 반짝이는 것에만 애써 의지하지 말고, 서둘러 가려고만 하지 않아도 된다. 후회 없는 순간을 살고 조금 더 진실하게 사는 것. 천천히 천천히 그러나 묵묵히. 모자란 듯하면서도 내 안에 가득 차는 기쁨들이 분명히 있을 거다.

지금껏 남몰래 흘린 울음이 얼마나 반짝였는지 계절을 건너 이제 알아볼 수 있다. 마음을 두드리고 또 가다듬는 밤의 시간. 그렇게 일궈낸 나의 계절은 곧 올 것이다.

그리고 그 계절을 맘껏 누릴 자격은 충분하다.

삶은 쉽지 않지만, 그래도 잘 지내보자.

♪

 단 한 번 과거로 돌아갈 수 있는 기회가 주어진다면 언제로 돌아가고 싶은지에 대한 질문에 대부분 사람들은 살면서 가장 후회스러웠던 순간으로 돌아가겠다고 답했다. 누구나 자신의 선택에 대한 실수를 바로잡고 싶어 하고, 그 순간을 다시 잘 모면한다면 지금보다 더 나은 삶을 살고 있을 거라는 생각을 갖는다. 그건 헤어짐의 순간일 수도 있고, 어떤 선택을 하던 순간일 수도 있고, 현재엔 없는 그리웠던 존재가 곁에 있던 순간일 수도 있다. 그런데 그렇다고 그게 더 나은 선택이 될 수 있을 거라는 보장을 할 수 있을까. 그건 다시 그렇게 살아보지 않고선 장담할 수 없을 것이다.

'만약에 그때 그러지 않았더라면'

  사람들은 뒤늦게 후회를 할 때 자주 과거에 현재 상황을 대입하곤 한다. 우리의 모든 시행착오가 현재의 자신을 만들어냈듯 어쩔 수 없이 다가온 선택의 순간에 옳은 선택이라는 게 과연 존재했을까.

  다만, 이미 지나버린 순간에 너무 많은 미련을 두지 말자는 거다. 결국 내가 한 선택이 좋은 선택이었던 거라고 증명해내고 싶은 마음으로. 선택을 잘하는 사람이 돼야겠다는 생각보다는, 내가 한 선택을 받아들일 줄 아는 사람이 되는 것. 어찌 됐건 그 시간을 건너 지금까지 살아왔고 모든 일은 그럴 수밖에 없었던 상황과 이유가 존재했다고. 우리는 실수를 겪어봤으니 그에 대처하는 방법도 조금씩 배울 수 있었던 거고, 절망과 치욕의 순간도 경험할 수 있었던 거다. 그저 더 나은 삶은 또 다른 내일에 있다는 믿음. 지나간 어제가 아닌 오늘을 살고 내일을 기대해보는 일. 과거의 경험으로 만들어진 지금의 내가 살아갈 앞으로의 삶에도 정답지는 없을 거고, 그저 매 순간 내 선택이 마치 정답인 것처럼 그려 나가야 할 뿐이다.

삶은 쉽지 않지만,
그래도 잘 지내보자
지나간 어제가 아닌 오늘을 살고 내일을 기대해보자.

Chapter 4

사 랑 과

사 랑 사 이 에 서

인 간 관 계 에 관 하 여

Chapter 4

사 랑 과

사 람 사 이 에 서

인 간 관 계 에 관 하 여

위로에게 위로를

 누군가에게 위로를 주려고 안절부절못하는 사람을 좋아한다. 상대를 위해 좋아하는 것을 준비하고 그 사람에게 할 말을 미리 가지런히 다듬고, 어떤 타이밍에 등을 토닥여야 할지 눈치를 보고, 최대한 부드럽게 사람을 안아주려는 일. 누군가에게 위로가 되어주려는 사람아, 부디 당신의 삶도 그만큼 따스하기를 바란다.

시
시
한

관
계

♪

 특별히 다투거나 이유를 만들어내지 않아도 우리는 아무런 이유 없이도 멀어진다. 비슷한 사람인 줄 알았던 우리에게도 다른 것은 분명 생겼고, 그럼에도 맞춰서 함께였던 순간을 만들기도 했겠지만, 더는 그 관계가 즐겁지만은 않아서 우리가 멀어진 게 이유라면 이유이겠다. 그만큼 우리에겐 이제 더 공유하지 못하는 각자가 생긴 거겠지.

삶은 점차 안정적인 편안함을 추구한다. 그건 나의 생활 패턴과 관계 역시 마찬가지였다. 수많은 맺고 끊음의 반복 속에 되돌아보면 조금 슬픈 관계들이 쌓인다.

새로운 인연이 성큼 다가와도 꽤 무심해지기도 하고 관계에 기대를 하지 않는 일도 익숙해져 가며 누군가의 깊은 심연까지 애써 들여다보지 않는다.

그러다 보면 점차 내 삶에 남아있는 사람들은 간소화되고, 누군가를 만나고 돌아섰을 때, 마음에 잔여물이 남지 않는 관계를 추구한다. 혹시나 실수하진 않았을까 자꾸 곱씹게 만드는 게 아닌 나를 나답게 표현할 수 있는 관계 말이다. 가끔은 새로운 누군가를 만나는 상황이 만들어지지만 나도 모르는 새에 그어둔 선이 생기긴 했다. 그어둔 선 위로 시시한 관계들이 점차 쌓인다.

다만, 아주 간혹 얕은 위로로 서로에게 시시한 웃음을 터트리고 뒤돌면 무표정으로 걸어가는 이 가벼움만이 아직은 낯설 뿐이다.

글짓기

"혜진아, 봐. 너는 누구보다 잘 할 수 있는 애야. 이건 너 스스로 해내서 가져온 결과거든. 너는 조금만 더 열심히 하면 무엇이든 이룰 수 있을 애야."

어릴 적, 글짓기대회에 나가 입상을 했던 그 당시 선생님께서 하신 말씀이었다. 배구선수 생활을 하면서 학교를 자주 빠지고, 공부에는 더더욱 뜻이 없던 내가 처음으로 나갔던 글짓기대회에서 입상을 받았던 때였다. 그 시절 글은 첫 몰입의 경험이었다.

하루 끝에 글을 쓰는 일은 어떤 날은 나의 자존을 지켜주기도 했고, 투정 끝에 울음이 되기도 했으며 많이 웃었던 날엔 더욱 깊은 행복을 만끽하는 공간이 되기도 했다.

글과 사진은 남겨둘수록 꾸준히 기억할 수 있는 매개체가 되어준다. 그 순간순간마다 사랑했던 존재를 고스란히 기록할 수 있다는 게 글을 쓰며 가장 가치 있다 느끼게 된 점이다. 우리가 어떤 대화를 했는지, 어떤 감정을 교류했는지, 서로에게 어떤 존재가 되어주었는지. 잊고 지낸 듯했지만 불현듯 떠오르게 만들고 웃음 짓게 만드는 글 속의 존재들. 어쩌면 지금은 곁에 있지 않지만, 그 시절 내가 너무도 사랑했던 존재들은 그 기록 안에서나마 숨 쉬고 있는 걸지도 모른다.

한낱 먼지처럼 흩어질 뻔했던 존재를 붙잡아두는 일. 세심히 기록할 수 있는 이 행위로 행복을 느끼고 그 작고 꾸준한 행복이 지금의 나를 지탱해주기도 한다.

온전한 관계

누군가를 이해하고 싶지 않아도 이해될 때가 있고, 이해하고 싶어도 이해되지 않을 때가 있다. 그저 얼굴을 마주하고 서로를 묻고 답하는 일은 쉽지만, 진정 온전히 서로를 이해하는 일은 어려워졌다. 누군가를 이해하려 애쓰기보다 그저 있는 그대로를 인정하는 것이 더 필요한 순간도 있다. 우리가 같지 않다는 것에 어설픈 슬픔을 끼워 넣지 않아도 된다는 것이다. 그저 나와는 맞지 않는 사람이구나를 인정하면 관계는 오히려 쉬워지는 것이고, 맞지 않는 것을 이해하며 끼워 맞추려고 하는 순간부터 우리의 퍼즐은 어긋나는 것이었다. 모든 것을 다 알려고 하지 않는 게 관계에서는 현명할 때도 있는 법이다.

누군가를 이해하려 애쓰기보다
그저 있는 그대로를 인정하는 것이
더 필요한 순간

마음가짐

♪

 마음이 오고 가는 것에 적당히 담백해질 것. 술 한잔하고 일렁이는 기분에 연락하지 말 것. 외로운 마음이 앞서 누군가를 만나지 않을 것. 짙어지는 새벽에 너무 오래 깨어있지 말 것. 마음이 복잡할수록 휴대폰은 자주 뒤집어 놓을 것. 잠깐의 슬픔에 너무 오래 잠기지 말 것.

함께

 침묵으로도 많은 대화를 나누는 관계도 있다. 적당한 문장을 고르지 않아도 되고 서로의 말이 끊길 때쯤 다가온 침묵이 길어져도 어색하지 않고, 눈이 마주치면 슬쩍 웃을 수도 있다. 서로를 잘 알기에 그 침묵에 대해 어떠한 분석을 하지 않아도 되는, 대화하지 않는다고 어긋나는 게 아닌 이미 맞춰져 있는 사이. 침묵을 공유함으로 우리의 밤은 가득 채워진다. 서로의 결핍이 서로에게 위로가 되어 말을 하지 않아도 마음엔 외롭지 않게 만드는 말들이 머문다. 가령, 어떠한 답을 굳이 짓지 않더라도 함께라는 것은 때론 더욱 큰 답이 되어주기도 한다.

관계든 마음이든
　　　　사라지면 깨닫는다

🎵

언제든 연락해 술 사줄게
늦어도 괜찮으니까 전화해
아프지 말고 약은 꼭 챙겨 먹고 자
밥은 먹었어?

　그 사람만의 표현방식이었다. 걱정하고, 챙겨주고, 잔소리도 하고, 사소한 일상을 물어봐 주는 것이었다. 미소를 짓는 것조차 버거운 날이면 그는 나의 표정을 읽어대는 묘기를 부린다. 말을 하지 않아도 '힘든 일 있었구나. 이리 와.' 하고 꼭 안아준다.

술을 마신 날이면 그 사람은 조용히 나의 겉옷 주머니에 숙취 음료를 넣어 두었고, 습관성 편두통이 있던 나 때문에 그 사람의 차엔 늘 두통약이 있었다. 관계든 마음이든 사라지고 나면 깨닫는다. 그가 마음으로 채워주던 것들이 얼마나 커다란 사랑이었는지. 나는 지금부터 당신이 두고 간 흔적을 따라 이따금 불행해질 테지만, 그는 최선을 다했으니 이따금 온전해질 것이다.

그리움은 곧
아름다웠던 시절의 장면

♪

　그립다는 감정은 자칫 우울하고 아주 서글프게 다가올 수 있다. 그리워하는 이유가 더는 볼 수 없는 존재이거나, 닿을 수 없이 멀거나, 다시는 돌아갈 수 없는 과거쯤에 있기 때문이다. 즉, 현재 다시 마주할 수 없는 것들을 막연히 애틋해 하는 감정이 곧 그리움이 된다. 이루어질 수 없는 것을 바라고, 그럼에도 지금의 내가 할 수 있는 게 아무것도 없을 때 우리는 무력함을 느낀다. 그러니 그리움은 곧 자신을 무력하게 만드는 일이 되기도 한다.

한때였던 이의 안부와 이름이 스칠 때면 잠깐이라도 현재를 벗어나 이 허망한 감정을 빈방에 놓고 한껏 글썽이고 싶은 날도 있는 것이다. 그렇지만 이미 지나버린 것들은 각자가 피어날 계절에 가장 아름답게 피어나 떠날 계절에 떠난 것이다. 그것을 다시 피우려 너무 긴 새벽을 돌아눕지 말자. 느리게 번져 나가는 그리움도 곧 나의 아름다웠던 시절의 장면이니까.

 부스러기 같은 마음들을 쓸어 담아 한 곳에 차곡차곡 덮어두는 것. 잘 덮어둘 줄 아는 것도 잘 놓아주는 일이다. 제한된 삶 속에서 지금 곁에 있는 사람에게 지금의 마음을 전하는 것도 삶의 도리이자 완연해지는 일이다. 지금의 자리에서 살아가자. 과거를 헤매는 오늘날도 시간이 흐르면 결국은 그리운 '시절'이 된다는 사실을 잊지 말자는 것이다. 이 시절 속에 살아있는 것들을 더욱 많이 또 오래 남기자는 것이다. 저마다의 삶에 해를 건너 조금씩 흐릿해지는 것이 아닌 조금 더 선명해지자는 것이다.

거리 두기

♪

  2020년 2월 겨울이 끝나갈 때쯤, 코로나가 찾아오며 많은 사람들의 일상에 큰 혼돈이 찾아왔다. 직업 특성상 나는 작업실에 있는 시간이 많아 코로나로 인한 피해가 다른 이들보다 심한 편에 속하진 않았지만, 사회적으로 많은 만남과 공간에 제한이 걸려 약속이나 미팅은 쉽게 미룰 수밖에 없었다.

  집 앞 놀이터에서 아이들의 웃음소리를 들은 지가 꽤 됐고, 생각이 많아질 때 틈만 나면 갔던 바다도, 넓은 잔디밭의 공원도, 밤새 웃음소리가 끊이지 않았던 친구들과의 술자리도, 예전만큼 시끌벅적한 삶이 아닌 무미건조한 이 삶이 차츰 무기력하게 만들고 잦게 오는 우울감은 답답함을 초래했다.

봄이면 유채꽃을 보러 가자던 제주도도, 여름이면 떠나자던 섬마을도, 겨울을 기대하게 하던 스키장도, 자연스럽게 마음속에만 두는 계획들. 소란스러웠던 연말도 보고픈 마음 접어가며 얼른 지나가리라는 마음으로 소원하며 한 해를 보내는 것마저 어느새 익숙해져 가고 있다.

코로나가 시작됐던 스물다섯부터 스물일곱 지금의 내가 될 때까지 마스크를 쓰는 삶에서 벗어나지 못했고, 그 시간 동안 마스크 속에 담겨버린 누군가의 표정도, 미세하게 떨리던 입꼬리도 보지 못한 채 지나버린 시간들. 유독 타인으로 인해서 내 삶이 번번이 풍요로울 수 있었다는 것을 느끼는 요즘, 가고 싶었던 곳을 가고 보고 싶으면 볼 수 있었던. 한때는 너무 당연했던 우리의 계절이 얼마나 소중했던 건지 느낄 수밖에 없었다. '거리 두기'라는 이름을 붙이고서 만들어진 틀로 인해 우리의 간극이 멀어지는 건 아닐까. 결국 다시 그 전의 소란스러움을 느끼지 못할까 봐 걱정만 앞섰던 것 같다.

  그럼에도 불구하고 조금 더 애틋해지는 관계도 있었다. 시간이 흐르지만 여전히 반듯한 형태로 흐트러지지 않고 단단하게 유지되어 서로에게 안부를 묻고 애정을 건네주는 모습이 한편으로는 다행이라는 생각이 들 때도 있다. 서로를 애틋이 하는 마음이 여전히 남아있기에 함께여서 행복했던 순간들을 뒤적거리며 우리는 다시 그날들이 오기를 소망하고 있었다.

  사랑하는 것을 얼마나 되새기냐에 따라 마음도 함께 자란다. 불순물 같은 걱정들은 걷어내면서 순간마다 사랑하는 것을 마음에 담으려 노력한다면 시간 따라 우리는 차근차근 익어갈 것이다. 내 앞에 늘어선 글자 중 가장 좋고 따스한 것을 골라 그들을 위한 글을 써야겠다는 생각도 했다.

  서로가 거리는 멀어도 마음만은 가까이 있으니.

더 애틋해지는 관계가 있다.
시간이 흐르지만 흐트러지지 않고
단단하게 유지되어 애정을 건네준다.
거리는 멀어도 마음만은 가까이 있으니.

미워하는 마음

포장지도 뜯지 않은 물건. 배고프지 않아도 때 되면 먹은 음식. 굳이 곁에 두지 않아도 됐던 타인들. 가고 싶지 않던 자리에서 삼켰던 술 같은 것. 내 마음과는 다르게 행했던 일들이 많았다. 시간 따라, 외로움 따라, 허한 마음을 채우려 들던 것들이 종종 나를 후회하게 만들기도 했다. 내 마음의 번뇌를 견뎌보려 했던 많은 행동들. 사실은 익히 알았음에도 종종 미워할 것들을 찾아 헤맨 것은 아니었을까.

말과 말 사이

타인의 말로 인해 나의 행동이 결정될 때가 있다. 누군가의 말과 말 사이에서 생긴 오해로 내가 하지 않은 행동까지 규정되는 순간이다. 어떤 변명이라도 해서 내 행동을 정당화시켜야 될 것 같은 순간, 내가 직접 설명을 덧붙이지 않으면 나는 어느새 그런 행동을 한 사람이 되어버린다. 아주 사소하지만 나의 의도와는 다르게 받아들여지는 일은 수도 없이 잦았다. 이전엔 그런 일이 있을 땐 어떻게 해서라도 나의 진심은 그게 아니었다며 서둘러 변명을 하곤 했는데 결국은 믿고 싶은 것이 전부인 것처럼 구는 사람에게는 진실이란 힘 빠진 공허만 남기는 부질없는 짓이었다.

오해가 생겼을 때 그럼에도 먼저 다가와 내게 상황을 묻는 사람이 있는 반면, 단 한 번의 오해만으로도 관계를 단절시켜버리는 사람이 있다. 나의 조그만 일각의 모습만으로 나의 모든 것을 판단하고 바로 잡아야 할 타이밍조차 주지 않는 관계라면 나의 다른 행동마저 의심할 테니 더는 불필요한 변명을 덧붙이지 않기로 했다.

말과 말이 사람에게 옮겨갈 때 온전히 전해지기를 바라지만, 말은 그렇지 않은 틀에 갇혀 머물 때가 많다. 그러니 더는 일일이 변명하느라 밤을 헤매지 않는다. 살아가면서 우리가 진심을 쏟아야 할 것들은 그들이 아니더라도 무수히 존재한다.

아쉬움은 더는
슬픔이 되지 않는다

♪

 나른한 주말, 빨래를 돌려놓고 소파에 앉아 빨래가 다 될 때까지 무엇을 할까 고민에 빠지다가 생각을 한다. 생각이 많은 사람에게는 생각할 시간이 필요하다. 채워진 것을 비우고 비워진 것을 다시 채우는 시간 말이다. 예전엔 잊어야 할 것을 생각하다 떠난 것들까지 다 끄집어내어 한참을 매여 있기도 했고, 끝났음에도 붙잡고 질질 끌었던 모든 시간들이 결코 부질없지만 않았으면 좋았겠다는 마음도 들었다. 이제는 지난 일은 그저 지나간 일이라며 가볍게 넘길 수 있다. 다 끝난 일에 아쉬움을 덧대면 생각은 끝없이 또 늘어질 테고, 그 속에서 긴 시간을 헤매기도 할 테니까. 유구한 과거를 붙잡기에는 우리는 너무 멀리 와 있다는 것을 이제는 알고, 끝없는 생각 속에서 길을 잃지 않는다. 시작하면 끝맺는 것이 중요하다는 것을 세월 따라 깨닫고 있는 중이다.

 어차피 세탁기가 다 돌아가고 끝났다는 멜로디가 나올 때쯤엔 시작한 생각을 끝맺고 빨래를 널러 가면 된다. 내게 이제 아쉬움은 더는 슬픔이 되지 않는다.

잘 지냈으면 좋겠어

추운 것을 좋아하진 않지만, 겨울에만 느낄 수 있는 특유의 분위기를 사랑하는 편이다. 괜스레 봄, 여름, 가을 한 해 동안 있었던 일들을 하나씩 나열해보기도 하고, 첫눈이라도 내리면 어린아이처럼 방방 뛰며 그 순간을 만끽하기도 한다. '시간이 너무 빠르다'라는 말이 절로 나오는 계절. 달력이 마지막 장에 닿을 때면 이상하리만큼 속상한 것들이 연이어 떠오른다.

크리스마스 분위기가 나는 연말이 오면 더더욱 그렇다. 한 해 동안 잔뜩 어질러진 삶을 정리할 시간을 갖는다. 올해 초에 다짐했던 것들은 얼마나 실행됐는지, 혹시나 무심하게 내버려 둔 관계는 없었는지, 서둘러 전했어야 할 안부들에 미안한 감정이 들면서 복잡한 마음에 생각이 자꾸만 늘어진다. 시간이 간다는 것이 지날수록 너무 아쉽고, 아쉬워할수록 속력을 내는 것처럼 느껴졌다.

  바빠서 은근히 넘겨버린 관계들에게 괜히 수줍은 안부를 건넨다. 우리는 만나 근황을 묻고 건강을 물으며 그간 못했던 편지 같은 대화를 나눈다. 사랑하는 사람들과 함께하는 저녁. 올해도 참 많은 일들이 나를 지났구나. 여전히 서툴고 어렵지만 그래도 또 이렇게 일 년이 부지런히 넘어가면서 결국은 더 자연스럽고 온전해지기 위해 나아가고 있구나. 그리고 우리는 이번 해에도 서로에 곁에 머무를 수 있구나. 서로가 서로에게 고마움을 나열해보니 알겠다. 우리는 다 비슷한 마음으로 겨울을 보내고 있었으며 여전히 머무를 수 있음에 감사하다는 것을.

또다시 안부를 물을 때까지
네가 잘 지냈으면 좋겠다.
그럼 나도 잘 지낼 테니.

있었는데 없어진 것들

지금 분명한 건 살긴 살아지는데 졸린 눈을 깨우던 누군가의 연락도, 내세울 거라곤 하나밖에 없던 무모한 자신감도, 고개를 묻으면 가만히 토닥거려주던 누군가의 다독임도. 그때의 나를 지탱해주던 많은 것들이 다 사라져버렸다는 거다. 밀려드는 마음에 자주 침묵을 걸어두고, 사라진 것들이 지금의 나를 초라하게 만들기도 하네. 있었는데 없어진 것들을 생각하다 서글픈 밤이 깊어지면 나는 결국 그립다는 답을 적는다.

가늘고 긴 인연

일 년에 한두 번 정도만 만나는 인연이지만, 꾸준히 이어지는 관계가 있다. 1년 만에 만난 친구와 휴일을 보내며 그간의 근황과 잊고 살아가던 얘기를 하며 비워두었던 시간을 채운다.

유창한 언변도 아니고 그리 고심해서 대화 주제를 고르지 않아도 되고 시답잖은 농담을 줄지어도 편히 웃을 수 있는 이 관계. 혼자 살아가다가도 종종 사람이 고픈 우리에게는 많은 사람이 아닌 적당한 호흡을 나눌 사람이 필요하고, 마음 곳곳에 진심 어린 온기를 건네줄 사람이 필요하다.

우리는 서로의 삶에 커다란 자국은 아니지만, 가늘더라도 끊어지지 않을 선을 긋고 주욱 잇는다. 서로가 서로에게 작은 점이 되어주더라도 그 점과 점 사이를 잇고 이으면 시간을 더해 겹쳐지고 결국은 서로의 삶에 새겨진 모양이 되어주는 일이 된다.

우울증

 ♪

  사람들은 우울하다고 말하는 사람을 그다지 좋아하지 않는다. 삶은 누구나 힘든 것이며 자신의 우울이 가장 큰 세상에서 살아가고 있으니 말이냐. 우울의 무게는 말을 달수록 상대에게 가벼워지는 기분이었다. 죽고 싶다는 말을 자주 하진 않았지만, 자주 죽고 싶다는 생각을 하던 시절은 있었다. 깊은 우울이 나를 집어삼키면 이상하게도 그때의 나는 누군가를 붙잡고 우울하다는 하소연을 하지 않았다. 누구에게도 티 내려 애쓰지 않았고, 마치 아무에게도 들키면 안 되는 사람처럼 굴었다. 누군가와의 만남 자체도 줄였고, 혼자인 방안에서 도피하듯이 살았다. 그러다 그 우울에서 벗어나고 싶어질 때쯤 가까운 사람에게 넌지시 말을 꺼냈다.

누군가는 함께 울어줬고, 누군가는 이미 눈치를 챘지만 내가 이렇게 먼저 말해주기를 기다리고 있기도 했다. 결국은 뱉어버린 말에 삼켜진 위로들은 그때의 나를 더 살게 했고, 시간이 지나 나는 자주 웃을 수 있었으며, 어떤 날은 잘 살아 보고 싶은 마음이 생기기도 했다.

그 후에 삶을 끝내고 싶다 말하는 누군가를 만난 적이 있다. 한때는 그 누군가가 내가 되기도 했기에 나는 가만히 그 사람을 들여다보며 짐작했다. 혼자 얼마나 자신을 옭아매는 우울에서 울먹이다가 이곳으로 도망쳐왔을까. 그 사람의 말을 듣던 내가 그에게 간절히 위로를 건네주고 싶은 마음은 지금의 내가 온전해서도, 단단한 삶을 살아가고 있어서도 아니었다. 그저 허우적대느라 그 깊이감에 빠져 죽을 것 같은 그에게 단 한 사람이라도 손 내밀어줄 누군가가 있다고 말해주고 싶을 뿐. 결국은 혼자가 아니라는 사실이 얼마나 큰 안도감을 주는지 알려주고 싶을 뿐이었다.

마음을 알아주는 이가 있으면 며칠쯤은 더 살아갈 수 있다. 그 며칠이 나를 알아줄수록 연장되고 삶에 대해 조금 더 고민하는 시간이 주어지고 그러다 차츰 우울을 정리하기도 하면서 그렇게 살아지고 살아지다 결국은 지금까지 우리는 살아갈 수 있는 것이다.

몇 발자국 뒤에서 걸으며 혼자가 버릇이 된 사람은 좀처럼 나란히 걸을 수 없다. 아무도 모르게 사라져버릴까 싶으면서도 이런 마음속 절규를 누군가 단 한 명이라도 알아줬으면 좋겠다는 것은 살아낼 이유를 찾아다니는 거다. 실은 누구보다도 간절히 살고 싶었던 거다.

엄마
사진

🎵

   엄마와 통화를 할 때 가끔은 녹음을 했다. 녹음의 내용은 정말 사소한 우리의 일상 얘기였다. 퇴근은 잘하고 있는지, 밥은 먹었는지, 아픈 곳은 없는지, 엄마 김치가 더 필요하진 않은지. 너무 일만 하지 말고, 좋은 곳도 가고 더 맛있는 것도 챙겨 먹으라며 걱정 담긴 잔소리가 목록에 쌓인다.

   내 삶이 선명해질수록 엄마와의 시간이 흐릿해지고 있었다. 엄마는 곧잘 어둠을 걷던 내 손에 손전등을 쥐여주던 사람이었다. 지치지 않고 걷는 법을 알려주고, 어떤 날엔 같이 걸어주고, 숨이 막힐 것 같으면 숨을 불어넣어 주던 사람이었다. 나는 여전히 엄마의 자랑이 되고 싶은데 그러지 못한 현실을 마주할 때마다 엄마의 젊음에 살아온 내가 할 말이라곤 고맙고 미안하고 사랑한다는 이런 말들뿐이었다.

요즘 같은 시대를 살아가면서 가장 좋은 점은 담고 싶은 순간을 쉽고 자세히 기록할 수 있다는 점이다. 자라나는 아이의 순간을 기록하기가 쉬워졌듯이 익어가는 부모님의 모습 또한 보관하기가 쉬워졌다.

얼마 전엔 할머니와 엄마 아빠 그리고 언니 이렇게 다섯 식구가 함께 첫 가족사진을 찍었다. 무엇보다 촬영하면서 가장 어려웠던 것은 다섯 식구가 다 같이 어색하지 않은 미소를 짓는 일이었다. '웃으세요.'라는 사진가님의 말에 다들 어색한 미소를 한껏 짓다가 왔다. 결국 꼽은 사진은 할머니가 '집에 가고 싶다.'라는 말에 온 가족이 빵 터졌을 때쯤 찍힌 사진이었다.

그 뒤로부터 나는 오랜만에 다시 카메라를 잡기 시작했다. 올해는 자주 엄마에게 가서 카메라에 엄마를 담아야겠다는 다짐을 한다. 그 좋다는 곳 맛있다는 곳도 함께 가야지. 추억을 틈틈이 보관하고 엄마의 웃음을 더 자주 기록하고 싶어졌다.

사랑하는 사람과의 시간이 평생 유효하지 않다는 게 참 슬프다. 시간이 흐를수록 소중해지는 것들만 많아진다.

가장 큰 헤어짐

♪

 MP3 속에 넣어둔 인터넷 소설이 나의 문학이었을 시절, 나는 중학교 1학년이었다. 두꺼운 가디건을 교복 위에 걸치고, 집 앞 3분 거리의 학교를 교문이 닫히기 1분 전에 통과했던 어린 날의 나. 그때 우리 반 담임 선생님은 문학 선생님이셨고, 시를 좋아하셨고, 누구보다 우리의 입장에

서서 많은 이해와 공감을 주셨던 분이라 반 아이들도 좋아하던 선생님이었다.

　나른한 5교시. 반장이 몇 페이지를 빼곡히 채운 소설의 문단을 읽고 있었다. 몇몇 학생들은 책을 베개 삼아 잠을 자기도 했고, 그런 학생들을 선생님은 교실을 돌아다니며 한명 한명 일일이 다 깨우셨다.

　"자, 이제 다 일어났지? 너희가 너무 따분해서 그런데 내가 너희들에게 질문 하나 할게. 너희는 이별을 해본 적이 있어?"

　시큰둥한 아이들의 얼굴에 선생님은 환하게 웃으시며 답하셨다.

　"아직 잘 모르겠지? 슬프긴 슬플 것 같은데 어디까지 슬픈 건지 울어야 할지 말아야 할지 어디서부터 이별인 건지도 잘 가늠이 안 갈 거야. 선생님이 이야기 하나를 해줄게.

우리가 태어나서 처음으로 애정을 갖는 사람이 있어. 그게 누굴까?"

"부모님 아닐까요?"

"맞아. 그렇지. 부모님이야. 너희가 태어나게 되면서 너희는 한 사람의 일생에 많은 것들을 달라지게 만드는 존재가 돼. 얘들아, 선생님의 첫 작별이 언제였냐면 7살 때였던 것 같아. 그때 선생님이 이사를 가게 된 거야. 동네에서 맨날 땅따먹기를 같이했던 친구들과 헤어져야 했던 거야. 그래서 이삿짐을 옮기는 트럭을 타고 가는 데 엉엉 울었어. 어린 나이였지만, 그 친구들이랑 더 이상 땅따먹기를 못 한다고 하니까 그게 슬펐던 거지. 그렇게 이사를 하고 몇 달이 지나니까 그 친구들과 했던 땅따먹기가 생각이 안 나더라. 이사를 간 그곳에서 다른 친구들을 사귀면서 고무줄놀이도 하고 땅따먹기도 할 수 있었던 거지. 결국은 그 어릴 때 친구들의 이름도 가물가물해지면서 그 친구들이 없는 곳에서 지내는 것도 괜찮아졌어.

그리고부터 조금 더 자라서 열여덟에 첫 연애를 했어. 그때 여고를 다니고 있었는데 우리 학교에서 한 5분 정도 떨어진 거리에 남고를 다니던 남자애랑 처음 연애를 시작했는데 세상이 너무 행복한 거야. 종일 구름 위에 떠 있는 것 같고, 그냥 손만 잡고 온 동네를 걸어 다녔어. 그러다가 일 년쯤 사귀었나. 그 남자애한테 헤어지자는 말을 들은 거야. 헤어지자는 이유를 물었는데 '그냥 이제 안 좋아해.' 이게 그 애의 답이었어. 그 답을 듣고 남자 때문에 처음으로 엉엉 울어봤던 것 같아. 그리고 몇 주가 지났고 시내를 나가서 친구들이랑 놀다가 그 남자애를 먼발치에서 보게 됐는데 다른 여자 손을 잡고 걸어가고 있더라고. 너무 좋아했던 사람이어서 또 울었던 것 같아. 그게 선생님의 두 번째 이별이었어. 그렇게 미워하며 첫 연애를 마무리하고 스무 살이 넘어가면서 더 울고불고하는 몇 번의 연애를 더 했어. 그러다 보면 이제 마음의 거리를 계산할 수 있을 정도가 돼.

그러다 듬직하고 착한 지금 남편을 만나서 결혼하고, 어느덧 결혼한 지도 10년이 넘었네. 선생님이 살면서 크고 작은 이별도 몇 번 있었고, 선생님이 되고 결혼도 하고 어느 정도 성장기를 거쳐서 이젠 누군가의 엄마가 되어 보니까 더 이상의 이별은 없을 것 같았는데 가장 큰 헤어짐이 남아 있었어. 그게 누구일 것 같아?"

선생님의 이야기를 가만히 듣던 아이들은 아무도 선뜻 답하지 않았다. 그 당시에 선생님께선 아버님이 돌아가신 지 한 달쯤 지났을 때였고, 선생님의 아버님이 돌아가셨다는 말을 들었던 아이들은 충격적이고, 애통한 슬픔이 밀려왔지만, 우리들 중 누구도 감히 위로의 말을 전하기가 어려워 아무도 꺼내지 않았던 그 얘기를 선생님이 먼저 꺼내신 거였다.

"음, 그건 선생님이 태어나서 처음 사랑했던 사람과의 이별이야. 그 사람은 내가 커가는 과정을 지켜보면서 어떤 날엔 혼도 냈고, 어떤 날엔 칭찬을 하기도 하고, 나 때문에 웃기도 하고 아주 가끔은 울기도 하면서 선생님의 삶에 그 누구보다도 긴 시간을 함께 보냈어. 얘들아, 살아가면서 가장 중요한 건 나 자신이잖아. 그래서 자주 잊고 사는 것들이 정말 많은데 그중 가장 큰 존재는 아마 부모님이 아닐까 싶어. 선생님이 아주 어릴 땐 엄마와 아빠가 세상의 전부였는데 조금 크면서 사춘기가 왔을 땐 표현이 서툴다는 핑계로, 대학을 갔을 땐 혼자 나와 살면서 학교도 다니고 적응할 게 많단 이유로, 결혼을 한 뒤에는 아이도 낳고 돌보느라 피곤하다는 변명으로 가장 쉽게 미뤄버린 게 부모님이더라고.

생각해보면 그때마다 굳이 어떤 이유를 말하지 않아도 이해를 해주시니까 뵈러 가야 한다는 걸 알면서도 안 간 날도 있었고, 피곤하다는 이유로 자주 미루다가 선생님이 아버지를 본 마지막 날이 돌아가시기 한 달 전이더라고. 그리고서 장례식장에서 본 거야. 얘들아, 헤어진다는 건 더는 그 사람을 볼 수 없다는 거거든. 아주 먼 곳에 두고 마음속에서만 기억한다는 게 선생님이 경험한 가장 큰 이별이었던 것 같아. 아직 자라는 중인 너희에게 앞으로 어떤 이별이 올진 모르겠지만, 어쩌면 우리가 후회하지 않을 만큼의 기회를 지금 쥐고 있는 걸지도 모르거든. 시간은 우리의 생각보다 더 빠르게 흐른다는 걸 꼭 기억했으면 좋겠어.

지금 너희가 어떤 마음으로 살아가는지 선생님이 다 가늠할 수 없지만, 결국에 지금 너희를 복잡하게 만드는 그 모든 고민도 다 지나가는 거란다. 누군가를 좋아하는 일도, 사랑하는 사람에게 하는 표현도 미루지 않는 일에 늘 최선을 다했으면 좋겠어. 앞으로 너희가 어디로 가든 무엇을 하든 함께인 순간만큼은 사랑하는 사람들과 제일 많이 웃으면서 지내는 게 최고야. 그 기억이 나중에 너희를 더 잘 지낼 수 있게 할 수도 있어."

선생님은 말하는 도중 울컥하셨는지 목소리가 많이 떨리셨고 눈물이 나셨지만, 꿋꿋이 이야기를 마치셨다. 아이들은 한 명도 빠짐없이 선생님의 이야기를 경청했고 울음을 터트리던 선생님을 따라 우는 아이도 몇몇 있었다. 아이들은 그제야 선생님이 현재 괜찮은지에 대해 물을 수 있었다. 어쩌면 앞으로 헤어질 일이 무수히 많은 우리에게 조금이라도 더 사랑하는 사람들을 사랑할 수 있기를 바라는 마음은 선생님의 말씀에서 충분히 느낄 수 있었다.

 스물이 넘어 글을 쓰는 삶을 선택하고부터 글을 쓰면서 내 뇌리에 박혀 있었던 선생님의 이야기가 자꾸 떠올랐다. 선생님의 말씀처럼 크고 작은 이별은 삶의 곳곳에 있었고 뒤로 미뤄버렸던 마음들은 뒤늦은 후회가 되어 내게 밀려왔다. 그리고 무엇보다도 사랑하는 사람과의 웃었던 장면은 꾸준한 행복의 잔상이 되어주기도 했다.

 사랑하는 존재들을 잘 붙들고 살아가고 싶다. 내 마음이 늦지 않게 도착하고, 그 존재들이 제자리에 알맞게 오래도록 머물러줬으면 좋겠다.

사랑하는 존재들이
부디 오래도록 머물러주길

아빠의 주름

아빠는 표현이 서툰 사람이라 어릴 때부터 우리에게 하는 표현이 늘 투박했다. 늘 새벽에 출근하셔서 저녁쯤 들어오셨기에 일찍 주무시던 아빠에게 놀아달란 말을 잘 하지 않는 아이가 됐고, 그 후에 가끔 아빠가 먼저 다가올 땐 어린 나이에 아빠의 굳은살 박인 거친 손이 아프다며 투정을 부리고 아빠를 피하곤 했었다.

시간이 흐른 뒤에 나는 차츰 아빠를 이해하게 됐다. 아빠의 거친 손과 발은 고된 일에 대한 흔적이었고, 아빠가 늘 일에 바빴던 이유는 우리 집이 그렇게 넉넉한 형편이 아니었기에 더 무리해서 많은 일들을 했었다는 것을 말이다.

스무 살, 처음 부모님과 떨어져서 혼자 지내게 됐을 무렵, 아빠에게서 전화가 왔다. 휴대폰에 '아빠'라고 뜨는 이 장면이 조금 의외였다. 엄마와 나는 자주 서로 전화를 하곤 했지만, 아빠와는 어릴 때부터 전화를 잘 하지 않기도 했고, 아빠가 내게 전화할 일은 더더욱 없었기 때문이다.

"막내딸, 잘 지내고 있나?"

아빠의 목소리를 반년 만에 들은 것 같았다. 순간 내가 아빠에게 이렇게도 연락을 한 적이 없었구나를 깨달았다.

"응. 잘 지내고 있지. 근데 아빠 무슨 일이야. 아빠가 전화를 다 하고?"

"아니, 무슨 일이 있어야만 전화를 해? 너는 엄마한테만 전화하지 말고 한 번씩 아빠한테도 전화를 해야지. 아빠가 딸 보고 싶으니까 이렇게 전화했지."

 늘 표현에 서툴던 아빠에게서 보고 싶다는 말이 나온 것은 그때가 처음이었던 것 같다. 아빠의 말이 어딘가 어색하고 미숙했지만, 그것은 곧 따뜻해졌다.

 "나도 보고 싶어. 이제 아빠한테도 자주 전화할게."

 "그래. 뭐 힘든 건 없고? 집 나가니까 개고생이제? 봐라. 엄마 아빠 품에 있을 때가 좋은 기다."

 아빠는 잠시 어색한 듯 머뭇거리더니 말을 이어나갔다.

"그래. 엄마아빠 품 떠나서 갔는데 최대한 하고 싶은 거 다 해. 되도록 내려오지 말고 뭐든 열심히 해 …. 음, 사랑해 딸."

 사춘기를 지나서 들은 아빠의 첫 애정 표현이었던 것 같다. 아빠는 이런 말을 할 때마다 쑥스러운지 문장 곳곳에 자꾸 웃음을 흘렸다. 보고 싶었단 말도 잘 하지 않던 아빠라 이날따라 아빠에게서 너무 귀여운 말들을 넘치게 들은 기분이었다. 아빠의 통화는 나의 호탕한 웃음소리와 함께 마무리됐다.

언젠가 아빠의 휴대폰 배경 화면이 내 사진이었다는 사실을 알게 됐다. 새로운 문물을 마주할 때마다 남들보다 조금 더 긴 시간을 익히던 아빠였는데 프로필 사진을 내 사진으로 해둔 것을 아빠한테 물어보니 아빠는 자신이 한 적이 없다며 모른 척을 하기도 했다.

삶을 살아보니 아빠의 서툰 표현의 형상들이 이렇게 변화하기까지 얼마나 많은 용기를 내야 했는지 어렴풋이 알 것 같다. 조금씩 더 조금씩. 사랑하는 사람들에게 목소리를 내는 일은 우리 모두에게도 어려운 일이지 않은가. 표현이 익숙지 않은 것뿐이지. 마음이 깊지 않은 건 또 아니니까.

아빠의 한숨에 마음이 조금 저리고 아빠의 주름을 보니 시간이 저리다. 아빠가 흘러갈수록 점차 낡아가는 모습이 때로는 슬프고 간절히 붙잡고 싶기도 하지만, 이 슬픔은 함께 나눠 삼키고, 환한 모습을 자주 기록하기로 했다. 제법 쌓인 시간들을 잘 쓰다듬어서 아빠의 마음까지 잘 다독일 줄 아는 사람이 되어야겠다는 다짐과 아빠의 느린 마음을 응원하기로 했다.

할아버지의 방

♪

 할아버지는 현관을 마주하고 있는 방을 쓰셨다. 할아버지의 방에는 큰 침대 하나와 큰 TV 하나 옷장 하나 그리고 베란다에 할아버지의 재떨이가 있었다. 내가 떠올리는 할아버지의 평소 모습은 늘 침대에 누워계시거나 앉아계시거나 베란다에서 담배를 태우셨다. 할아버지는 홀로 어딘가로 떠난 적도 없이 늘 그 자리 그 모습을 유지하셨었고 할아버지의 방에 그 모습이 사라졌다는 사실이 부재를 더욱 실감하게 했다.

 할아버지가 어딘가로 떠나지 않고 늘 현관 앞 그 방에서 비슷한 모습으로 계셨던 건 밖에서 돌아올 우리를 기다리고 계셨던 게 아니었을까. 학교를 다녀오는 손자 손녀를. 회사를 다녀오는 자식들을, 장을 보고 돌아오는 할머니를. 사랑하는 사람들을 한 번이라도 더 보기 위해서 언제나 같은 모습으로 현관이 들여다보이는 그 방문을 열어두고 기다려왔던 게 아닐까. 오랜만에 뵈러 온 우리에게 보고 싶었다고 장난스럽게 던지는 농담 같은 말들을 지금 와서 생각해보면 늘 그리움이 묻어나 있었던 것 같다.

할아버지는 그리움이 많은 사람이었다. 젊었을 적 이야기와 우리 엄마의 어린 날과 나의 아기 시절을 하루에 몇 번씩은 꼭 말씀하시곤 했다. 알츠하이머를 앓고 계시던 할아버지에게 남은 기억이 과거뿐이어서 그런가. 마치 그리움이 자신의 몫인 것 마냥 비슷한 이야기를 반복하셨다.

이제는 아무리 현관 앞에 있는 방문을 열어봐도 할아버지는 계시지 않고, 할아버지의 냄새와 흔적들도 서서히 사라지고 있다. 어느새 기억 속에서만 머무는 나의 어린 시절 같은 사람이 되어버렸고, 그 그리움은 고스란히 우리의 몫이 되었다.

누군가를 그리워하기 시작한다는 것은 그 누군가를 직접 마주하지 않는 한 절대 해소될 수 없는 감정이다. 곁에 있을 땐 몰랐던 우리의 그리움은 잃어버린 순간부터 시작됐다.

곁에 있을 땐 몰랐던 그리움은
잃어버린 순간부터 시작됐다.

내가 가장 사랑하는 타인에게,
그대의 젊은 날을 빼닮은 나는
그대가 있었기에
해사한 웃음을 곳곳에 피웠습니다.
그대의 위로는 나의 바다~
이제 함께 그 바다에 누워
느긋하게 오래오래 같이 흘러가요.

시간이 흘러도 여전한 나의 아이야,
삶에서 넘어질 것 같으면 이곳으로 와도 된단다.
두 팔을 벌리고 너를 가득 안아줄 품이 되어 줄 테니
이곳은 너를 위한 곳이라는 걸 잊지 않길 바란다.

「진심글」 김혜진 작가의 손글씨와
김혜진 작가 어머니의 손글씨입니다.

어쩌면 괜찮은 사람
© 김혜진 2022년

초판 1쇄 인쇄 2022년 04월 20일
초판 1쇄 발행 2022년 04월 29일

지은이 ㅣ 김혜진 (@jinsimgeul)

편집장 ㅣ 김유은
펴낸이 ㅣ 박우성
발행처 ㅣ 좋은북스
출판등록 ㅣ 2019년 01월 03일 제2019-000003호
주소 ㅣ 경기도 파주시 회동길 145 (파주출판도시)
전화 ㅣ 031-939-2384
팩스 ㅣ 050-4327-0136
이메일 ㅣ goodbooks_@naver.com
인스타그램 ㅣ instagram.com/goodbooks.official

ISBN 979-11-90764-30-8   03810

· 이 책은 저작권법에 의해 보호를 받는 저작물이므로 저자와 출판사의 허락 없이 내용의 일부를 인용하거나 발췌하는 것을 절대 금합니다.